Bestraf mich!

Der Münchner **Stefan Müller** (Jahrgang 1961) war viele Jahre ausschließlich als Autor beim Fernsehen (*Marienhof, Soko*, zahlreiche Gerichts- und Unterhaltungsshows) und als Journalist in der Szene tätig. Inzwischen arbeitet er hauptberuflich im Management (Bereich Marktforschung) und textet nur noch gelegentlich für Projekte ohne die Hektik der Infotainmentbranche, dafür mit umso mehr Genuss. Zuletzt erschien von ihm bei Bruno Gmünder der Sex-Ratgeber *Besorg's mir!*

Stefan Müller

BESTRAF MICH!

Mehr Spaß mit SM

BRUNO GMÜNDER

Wir danken Daniel Johnson, Toby Morris, Kent Taylor und dem gesamten Team der Falcon /Raging Stallion Group herzlich für die gute Zusammenarbeit und die tollen Fotos.

BILDNACHWEIS
FalconStudios.com: Falcon Ege: 29 / **HotHouse.com:** 12, 15, 27, 32, 42f., 45, 51, 55, 62, 66, 67, 75, 105, 110, 120, 144f., 152, 159, 165 / Club Inferno: 16f., 21, 22, 24, 41, 48, 106, 126 / Pack Attack: 61 / **RagingStallion.com:** 7, 39, 71, 147 / FetishForce.com: 36, 59, 76f., 80, 84, 87, 88, 90, 92, 94, 113, 117, 123, 130; 135, 140, 169, 173 / Hard Friction: 166 / Monster Bang: 19, 68
Steffen Kawelke: 98 - 101

BESTRAF MICH!

1. Auflage

Bruno Gmünder GmbH
Kleiststraße 23-26, 10787 Berlin
info@brunogmuender.com

Umschlagabbildungen: clubinfernodungeon.com (Frontcover), hothouse.com (Backcover) / Falcon Studios Group
(Models: Matthieu Paris, Josh Edwards; Angelo, Rick van Sant)

Printed in Germany

ISBN 978-3-95985-026-1

Mehr über unsere Bücher und Autoren:
www.brunogmuender.com

»Frei sein, heißt wählen können, wessen Sklave man sein will.«

Jeanne Moreau

Hinweis

Bei der Ausführung der in diesem Buch beschriebenen Praktiken muss ganz klar das körperliche und seelische Wohl der Beteiligten gewährleistet werden. Wir werden richtig zur Sache gehen in den einzelnen Kapiteln, aber der detaillierte Ablauf und die Definition von Grenzen hängen letztendlich von den Mitspielern ab. Rücksicht und Respekt sind bei aller Geilheit keine Fremdwörter im SM. Glücklicherweise klappt das Befolgen der nötigen Regeln in Fetisch- und SM-Kreisen sehr gut. Eine nähere Beschreibung der Regeln SSC (*safe, sane and consensual*) und RACK (*risk-aware consensual kink*), wie sie innerhalb dieser Kreise gelten, findet sich am Ende des Buches im Kapitel »SM? Aber sicher!«. Generell gehen wir davon aus, dass sich erwachsene und selbstbestimmte Männer bewusst sind, dass sie bei sexuellen Praktiken, die Fesselungen, Schläge, Psycho-Spiele oder Ähnliches beinhalten, Verletzungen verursachen oder davontragen können. Solange das im – von beiden Seiten – gewünschten Rahmen bleibt, kann das beiden Partnern Lust bringen. Jede in diesem Buch angesprochene Variante kann problemlos ohne bleibende Schäden oder Spuren ablaufen – bei Varianten, die gefährlicher sind als andere, wird auch darauf hingewiesen. Im Eifer des Gefechts, besonders wenn Alkohol und/oder Drogen die Sinne benebeln, kann es aber immer leicht zu Fehleinschätzungen oder auch zu Unfällen kommen. Es wäre schön, wenn du auch in diesen Situationen das nötige Verantwortungsbewusstsein zeigst und sowohl dich als auch deinen Partner nicht gefährdest. Darum meine Bitte: Passt auf euch auf!

INHALT

DIE ZUTATEN

DIE PROTAGONISTEN

DIE SPIELARTEN

SM? ABER SICHER!

Vorwort

Das Schöne an SM-Praktiken ist, dass sie ein geiler Zeitvertreib mit schier unendlichen Möglichkeiten sind. Damit meine ich, dass du dir nach Belieben Zeit dafür nehmen kannst – eine Stunde oder zwölf, aber auch ein ganzes Wochenende –, und es muss nicht eine Sekunde langweilig sein. Wenn du also keine Lust hast, immer nur kurze Nummern zu schieben oder die gängigen Sexpraktiken – Ficken, Lecken, Blasen – immer zu wiederholen, die sich nach spätestens ein bis zwei Stunden in der Regel doch erledigt haben, dann sei dir der Einstieg wärmstens empfohlen. Wahrscheinlich hast du sowieso schon manche Gelegenheit genutzt, um den Ablauf der einen oder anderen Sexnummer in Richtung SM zu bringen, bewusst oder unbewusst. Mal deinem Partner in die knackigen Backen gebissen? Mal seine Hände festgehalten, sie vielleicht sogar gefesselt? Oder die Augen verbunden, seinen Kopf ins Kissen gedrückt, ihm eine Anweisung lustvoll zugerufen? Alles SM.

Hat es dich erregt, wenn ein Partner dich ein bisschen gröber rangenommen hat? Wenn er dir mit heißem Atem schmutzige Worte zugeraunt hat? Hast du ihn angefleht, dich endlich zu ficken? Alles SM.

Oder kennst du solche Situationen noch nicht? Fragst du dich vielleicht, was »SM« eigentlich ist? Das klären wir noch.

Bleiben wir bei unserem Einstieg. Nein, du musst keinen Profi engagieren, der dich einführt, obwohl das sicher keine schlechte Idee ist. Du musst auch keinen Sklavenkeller haben oder dich im Internet verzweifelt nach Meistern umsehen, die es dir so richtig besorgen.

Viel besser und viel einfacher: Du tastest dich vor. Damit setze ich voraus, dass du ein Sexleben hast, egal ob mit wechselnden oder demselben Partner. Männer sind glücklicherweise recht spielfreudig, darum kannst du so ziemlich alles antesten, was dich reizen könnte. Dabei müssen dir auch etwas ausgefallenere Wünsche nicht peinlich sein. Ob es dann weitergeht, entwickelt sich je nach Partner und Situation, aber zumindest wirst du nach und nach merken, was bestimmte Spielarten mit dir und deinem Partner machen – oder auch nicht. Notfalls spült ein freches oder herzliches Lachen die Unsicherheit nach einem missglückten Versuch davon.

Auch musst du nicht sofort wissen, welche Rolle du bei SM-Sex am liebsten einnehmen willst. Ein festerer Klaps auf den Hintern outet dich noch nicht als Spanking-Liebhaber. Ebenso wenig ein Griff an die Eier oder ein Biss in den Nippel als Sadist. Wenn du mal an einem Zeh nuckelst, heißt das noch lange nicht, dass du Fußfetischist bist. So ist es mit allen Spielarten, die zum SM-Bereich gezählt werden. Vorschläge zur Einleitung und zum ersten Ausprobieren neuer Praktiken lassen sich am Ende der Themenkapitel finden. Die Angabe – ein Chili usw. verrät, welche Varianten für Einsteiger oder für Fortgeschrittene geeignet sind.

In diesem Buch geht es vor allem um spielerischen SM, im Besonderen darum, das sexuelle Abenteuer mit einem anderen Mann zeitlich und gefühlstechnisch auf eine andere Ebene zu bringen. Das passiert vor allem im Gehirn, dem größten Sexualorgan – denn hier laufen all die verschiedenen Reize zusammen, die einen geilen Fick ausmachen. Zeit ist ein wichtiger Faktor, sowohl bei der einzelnen Sexnummer als auch in puncto kommender Session mit demselben Partner. Der Kick am SM ist vor allem der Ablauf, das ganze Drumherum – nicht der Sex an sich. Aha!

SM bietet schier unendliche Möglichkeiten.

Sich kennenlernen, Reize erkunden, Grenzen erforschen, Rituale entwickeln – das erfordert mehr als nur eine gemeinsame Nacht, auch wenn sie noch so hemmungslos und lustvoll war. Die Vorfreude auf ein kommendes Date, bei dem bestimmte Abläufe schon vorbestimmt sind, oder sie vielleicht auch nur zu erahnen, kann sehr anregend sein. Hast du dir dann mit einem Partner ein Repertoire angeeignet, steht stunden- oder sogar tagelangem geilen Spaß nichts mehr entgegen.

Ein besonderes Element beim SM ist der Schmerz. Die Empfindung von Schmerz ist absolut subjektiv, das heißt: für jeden anders. Schon ein Minimum an Schmerzreiz kann Wirkung zeigen, etwa ein Eiswürfel am Nippel oder ein Klaps auf den Po. Das hast du vielleicht schon erlebt. Kann sein, dass du das bestenfalls als albern

empfunden hast. Probier mal, das anders zu sehen. Beim SM darf zwar auch gelacht werden, aber tiefe sexuelle Lust verlangt nach Ernsthaftigkeit. Das Spiel mit den verschiedenen Schmerzgraden ist spannend und erregend und wird beim SM zelebriert. Das Warten auf den Schmerz. Die Ankündigung. Der Vollzug. Die geistige Anspannung während des Vorgangs – oder den wiederholten Vorgängen – kann einen regelrecht high machen. Die vermehrte Ausschüttung der Hormone Adrenalin und Endorphin sorgt dafür. Schon mal erlebt?

Ich schon. Mehrfach. SM-Praktiken gehören bei mir nicht als Pflichtprogramm zum Sex dazu, aber ich halte mir die Möglichkeit offen, abhängig von Partner, Laune und Situation. Natürlich habe auch ich meine persönlichen Grenzen, wie jeder von uns – und über meine Grenzen hinaus kann ich mir nur vorstellen, was anderen Männern, die noch viel tiefer in das Thema eintauchen, Lust bereitet und warum. Trotzdem bin ich mir sicher, dass es noch unzählige Aspekte von SM gibt, die sich mir verschließen, weil sie mir schlicht noch nicht in den Sinn gekommen sind. Dazu gehören bestimmt auch viele Varianten, die mir selbst gefallen könnten, darum freue ich mich immer über Inspiration. SM hat aber auch Elemente außerhalb des spielerischen Bereichs, für die ich mich nur mäßig oder gar nicht interessiere. Blut- oder Gewaltfantasien werden nicht nur aus diesem Grund hier im Buch nicht zu finden sein.

Was ist SM?

»Sadomasochismus« ist ein Dachbegriff für eine Vielzahl verschiedener sexueller Neigungen und Vorlieben, die sich auf erotische Art mit Dominanz und Unterwerfung, Schmerz und Hingabe beschäftigen. Dazu gehören zum Beispiel Fesselspiele (Bondage), Schlagspiele (Flagellation) und Rollenspiele. Allgemein durchgesetzt hat sich für Sex mit diesen Elementen die Bezeichnung BDSM, die sich aus den Anfangsbuchstaben der englischen Begriffspaare *Bondage and Discipline, Dominance and Submission* sowie *Sadism and Masochism* zusammensetzt. In diesem Buch ist eine strikte Abgrenzung zu anderen Bereichen des BDSM nicht möglich und auch nicht erwünscht, aber der Schwerpunkt liegt hier auf den letzten beiden Buchstaben. Trotzdem wird BDSM häufig erwähnt.

»Sadismus« und »Masochismus« sind ursprünglich Begriffe aus der medizinischen Diagnose, darum assoziieren manche mit ihnen immer noch etwas Unnormales, vielleicht sogar Krankhaftes. Die heterosexuellen, schwulen, lesbischen und Trans-Sadomasochisten, die sich zum Ausleben ihrer Sexfantasien überall in der freien Welt treffen – ich nenne sie mal SM-ler –, haben mit echter Gewalttätigkeit jedoch nichts am Hut. Ihr lustvolles Treiben basiert auf der Freiwilligkeit der Teilnehmer. SM-ler nennen sich auch »Spieler« und die Praktiken »Spiele«, um sich von tatsächlicher Gewalt deutlich abzusetzen. Ihre goldene Regel ist, dass alles *safe, sane and consensual* abläuft, also: sicher, vernünftig und einvernehmlich. Mir gefällt die Definition des amerikanischen Wissenschaftlers Thomas S. Weinberg, Herausgeber von *Studies in Dominance and Submission*: Er spricht von Sex mit SM-Elementen als erotischem, erholsamem und freiwilligem Erlebnis.

Können Schmerzen erholsam sein? Kann man sich nach einer Session, in der man Dominanz oder Unterwerfung ausgelebt hat, wie nach einem Tag Urlaub fühlen? Oh ja, das kann man. Schmerz ist und bleibt natürlich relativ, das werden wir noch näher untersuchen. Dieses Buch soll vor allem deine Spielfreude beim Sex anregen. Einzelne Elemente von SM in eine »ganz normale« Sexnummer einzubauen, ist ganz leicht. Schon die einfachsten Handgriffe – wie Augen oder Mund zuhalten – könnte man dem Bereich SM zuordnen. Die Grenzen sind fließend.

Ohne vielleicht zu wissen, was SM eigentlich ist, bist du tagtäglich Reizen und Impulsen ausgesetzt, Aktionen und Reaktionen, die nur ein Haarbreit von SM entfernt sind. Wenn überhaupt! Solche Situationen finden sich in fast allen Lebenslagen: Partnerschaft, Arbeitsleben, Behördengänge, Familienbeziehungen, und, und, und. Vielleicht interessiert dich SM deshalb, weil es im echten Leben ständig Momente gibt, in denen einer einsteckt und ein anderer austeilt. In denen einer oben und ein anderer unten ist. Denn auch wenn es Recht, Moral, Ethik, Respekt und Rücksicht gibt oder wenigstens geben sollte, haben wir doch alle schon Situationen erlebt, in denen das eine oder andere – oder alles auf einmal! – auf den Kopf gestellt wurde.

SM kann in trauter Zweisamkeit oder im Rahmen einer eingeschworenen Gruppe zu einem physischen und psychischen Schutzraum werden, dessen Regeln die Teilnehmer selbst definieren. Das heißt nicht, dass das immer klappt. Aber die Chance besteht, zumindest für einen kurzen Zeitraum ein Gefühl von vollständiger Kontrolle zu bekommen oder die Kontrolle abzugeben. Herrlich! Auch wenn – oder gerade weil – das Universum, das du unter Kontrolle hast, nur durch die Intimität zwischen dir und deinem Partner (oder deinen Partnern) abgegrenzt ist.

DIE ZUTATEN

DIE ZUTATEN

So wird die Lust zur Ekstase

Damit sich eine SM-Nummer von »normalem« Sex unterscheidet, müssen eigentlich nur die einzelnen Elemente, die auch sonst eine Rolle spielen, bewusster, ausgiebiger und entschlossener ausgespielt werden. Du bewegst dich also nicht auf fremdem Terrain, sondern dein Blickwinkel auf das, was du tust, ändert sich. Der Geist wird etwas mehr beansprucht und gefordert als beim rein triebhaften Vögeln – der Sex wird quasi »verkopft«, wenn man so sagen will. Dir und dem Partner selbstbewusst Lust zu verschaffen, ohne dass die ersehnte Vereinigung – nach einem mehr oder weniger kurzen Vorspiel – auf die übliche Weise passiert, das verlangt einiges an Selbstbeherrschung. Geduld ist ebenfalls hilfreich, weil es darum geht, sich körperlich und geistig auf eine Handlung zu konzentrieren, die vielleicht nicht den schnellen Orgasmus verspricht. Sie bringt aber einen sexuellen Kick, der abseits vom leidenschaftlichen Fick- und Blassex liegt. Experimentierfreude, Neugier und Spieltrieb sind ebenfalls gute Voraussetzungen für zutiefst befriedigende Erlebnisse beim SM. Und hier folgen ein paar Zutaten, die ich in Hinblick auf ihren Sinn und ihren Lustfaktor beim SM ein wenig näher beleuchten möchte.

▼ Session – Spaß nach Zeitplan?

Ein Zusammentreffen, das sich über einen längeren Zeitraum erstreckt, nennt man »Session«. Das erotische Spiel mit den Bestandteilen von SM findet dabei während einer festen Zeitspanne statt. Für diese Sessions werden bestimmte Absprachen getroffen, die außer dem Zeitrahmen auch den Handlungsspielraum festlegen. Das muss nicht verbal passieren, auch nicht zwangsläufig durch den Abschluss eines Vertrags. Entweder kennen sich die Partner schon und wissen, was machbar ist und wie lange, oder es ist von vornherein klar, dass diese oder jene Praktiken auf dem Programm stehen. Und nach dem

Ende der Session gelten wieder die Regeln des »normalen« Lebens. Damit öffnet sich also während jeder Session ein Zeitfenster, in dem man sich ganz bewusst nur auf das aktuelle Geschehen konzentrieren kann. Die Alltagssorgen können draußen bleiben, nur das Hier und Jetzt zählt. Das entspannt ungemein.

Ein paar Beispiele, was bei so einer Session passieren kann, sind auf den folgenden Seiten zu finden. Wichtig ist in jedem Fall: Jeder muss die Möglichkeit haben zu signalisieren, wenn es mal zu weit geht. Wenn etwas geschieht, was nicht passieren sollte, darf man sich nicht scheuen, das zu kommunizieren und im Zweifelsfall die Session abzubrechen. Meistens wird dazu ein Safeword abgesprochen, das wie ein Stop-Schild für den Partner funktioniert. Falls ein »Nein, bitte nicht!« nach den zuvor besprochenen Regeln dazu auffordern soll, noch einen Gang hochzuschalten, ist natürlich ein ausgefallenerer Code nötig, am besten ein Wort, das keinen Bezug zum Kontext hat. Von »Hühnersuppe« bis zu den Ampelfarben – grün für »alles in Ordnung«, gelb für »es geht noch«, rot für »sofort aufhören« – oder Handzeichen und Klingeln ist alles möglich. Letzteres empfiehlt sich beim Einsatz von Knebeln. Wichtig ist jedenfalls, dass eine Kommunikation möglich ist.

Das Safeword funktioniert wie ein Stop-Schild für den Partner.

Wenn die Session gut gelaufen ist, ist der Zauber zwar vorüber, aber man kann sich (hoffentlich!) schon auf die nächste freuen. Und weil bis dahin ein bisschen Zeit vergeht, gibt es auch Gelegenheit, den Ablauf gedanklich noch mal nachzuvollziehen. Vielleicht war es so geil, dass schon der Gedanke an eine Wiederholung dir einen Ständer beschert. Vielleicht gab es aber auch das eine oder andere Element, dass deine Fantasie beflügelt hat, und du bringst für die nächste Session eine neue Idee mit. Auf alle Fälle ist die Vorfreude auf eine Session mit einem Partner, mit dem man schon vertraut ist, ein aufregender Teil des SM.

Die Dauer einer Session hängt von Lust und Laune der Mitspieler ab. Meistens gibt der Alltag vor, wann Schluss sein muss. »Ich muss morgen früh raus« oder »Bin mittags bei meiner Oma zum Essen eingeladen« – diese und ähnliche Sätze machen klar, dass es ein zeitliches Limit gibt. Der zeitliche Rahmen kann natürlich auch ohne besonderen Grund genau vorgegeben werden. Weniger als eine Stunde macht nicht wirklich Sinn. Weil so eine Session aber so geil ist und so viel Spaß macht, und weil schöne Stunden gar nicht lange genug dauern können, kann sie sich auch mal über Tage hinziehen. Oft werden zwischendrin Ruhe-, eventuell sogar Schlafpausen eingelegt. Das gemeinsame Wieder-auf-Touren-Bringen nach dem Aufwachen hat seine Qualitäten. Körper und Geist sind noch matt und schwer, Berührungen fühlen sich anders an, bis der Kreislauf wieder hochgefahren ist. Viele Männer wollen sich dafür nicht die

Zeit nehmen, sondern die ganze Session nonstop im Höhenflug genießen oder einfach länger durchhalten. Dann wird oft zu Drogen gegriffen, aber die Gier nach mehr Geilheit, Potenz, Ekstase versaut auch gern den Moment – und birgt einige Risiken. Da wird geraucht, geschluckt und geschnieft, was das Zeug hält. In eine laufende Session einzusteigen, wenn der eigene Bewusstseinszustand von dem der anderen Mitspieler abweicht, kann erschreckende Offenbarungen mit sich bringen. Nüchtern betrachtet sind manche Sachen, die Männer so beim Sex vollführen, echt abgefahren. Andererseits kann man immer gehen, wenn es nicht passt. Darum steht dem Reinschnuppern in eine Session, für die im Internet gerade noch Teilnehmer gesucht werden, nichts entgegen. Zumindest wenn die Kerle schon zugange sind, wird es wahrscheinlich als nervig empfunden, wenn du vorab wissen willst, wer alles dabei ist, und wenn möglich noch Bilder und Profile geschickt bekommen möchtest. Je nach Aufwand – Wegstrecke, Vorbereitungszeit – oder Risiko – falls du einen Lover hast,

der nichts von deiner Passion erfahren darf, und du befürchtest, einen Bekannten dort anzutreffen – kannst du abwägen, wie viele Infos du vorab haben willst. Mit Überraschungen ist es eben so eine Sache. Erfahrungsgemäß ist das Austauschen von Handynummern ein gutes Zeichen dafür, dass du es mit verantwortungsvollen (und realen) Männern zu tun hast, die ihre Einladung auch ernst meinen.

Das Internet hat es für uns alle erleichtert, selbst sehr spezielle sexuelle Vorlieben mit den passenden Partnern auszuleben. Oft zeigen die Profile schon, was auf dem Programm steht. Das hat sich allerdings leider, wie ich in der letzten Zeit beobachtet habe, wieder ein bisschen reduziert. Ob das an der allgemein beschrienen wieder aufkommenden Prüderie liegt, die angeblich immer weitere Kreise erfasst, oder an einer zunehmenden Verlogenheit – wenn die Profile nichts oder völlig sexlose oder komplett verdrehte Fakten preisgeben – lässt sich natürlich schwer sagen. Eigentlich ist es doch so: Nur wer sagt, was er will, bekommt auch, was er will. Glücklicherweise gibt es genügend aussagekräftige Profile in den Datingportalen. An sie kann sich auch derjenige Interessent mehr oder weniger vertrauensvoll wenden, der von sich selbst nicht so viel veröffentlicht. Erstaunlich, wie sich nach ein paar Messages herausstellen kann, wie versaut manche Kerle dann doch insgeheim sind. Erste Vorabsprachen für eine Session können also ganz gut über einen Chat laufen. Der Rest erfolgt dann – falls überhaupt noch nötig –, wenn man sich gegenübersteht. Wenn man die Rolle »Ich hab die Augen verbunden, und du kommst und machst mit mir, was du willst ...« spielt, ist ohnehin schon alles im Vorfeld geklärt. Im besten Fall ergibt sich ein längeres Zusammentreffen – eine Session.

Auch innerhalb einer stinknormalen Partnerschaft kann man sich eine Auszeit gönnen. »Ich finde, heute ist es an der Zeit für eine Session« ist ein Satz, der durchaus auf fruchtbaren Boden fallen kann. Den genauen Ort und die Zeit für die geplante Sauerei zu besprechen, vielleicht die Rollen und das Outfit, das ist schon eine Art Vorspiel. Ob die Session dann mit dem Klingeln an der Tür oder dem Betreten des Playrooms beginnt, mit dem Einchecken in einem billigen Motel oder dem Verbinden der Augen, ist nicht wichtig. Da aber insgesamt Rituale erheblich zum Gelingen von gutem SM-Sex beitragen, sollte

ein bewusster Einstieg in die Session erfolgen. Sonst fragst du dich immer: »Wann geht's denn jetzt los?« oder: »Sind wir schon dabei?«

▼ Rituale – Routine als Lustmacher

Ein Ritual zeichnet sich durch einen immer gleichen Ablauf aus und wird normalerweise regelmäßig durchgeführt. Es folgt also einer genau festgelegten Ordnung.

Eine SM-Session ist wie ein Ausflug in eine andere Welt, in der selbst definierte Regeln gelten. Das Erlebte kann eine ähnliche Wirkung wie ein Tag Urlaub haben, nach dem sich die Beteiligten erholt und tiefenentspannt fühlen. Da dieser außergewöhnliche Zustand (leider, genau wie Urlaub) auch zeitlich begrenzt ist und nur im Laufe einer Session besteht, macht es Sinn, sich die kostbare Zeitspanne so bewusst wie möglich zu machen. Und genau dabei helfen Rituale. Einleitungssätze, Gesten, Handlungen, die verdeutlichen, dass jetzt der Sprung vom Alltag in die Session vollzogen wird. Ob das eine mystisch angehauchte Wortformel ist – »Bist du bereit, eine kleine Reise mit mir zu machen?« – oder ein ganz normaler Satz – »Wollen wir mal anfangen?« –, ist Geschmackssache. Letzteres ist natürlich etwas nüchtern, doch mit ein paar hübschen Gesten garniert – ein versautes Grinsen, ein leichtes Zwirbeln an den Nippeln des Partners, ein kleiner Kuss – passt das.

Menschen lieben Rituale. Aus Wiederholungen bekannte Handlungsabläufe vermitteln Halt und Orientierung. Komplexe Situationen, spannende oder aufregende Ereignisse – wie eine SM-Session – können durch den Einstieg mit einem Ritual besser bewältigt werden. Ohne viele Worte wird klar, dass nun ein routinierter, vertrauter Ablauf folgt, und zwar befreit von Nervosität und Ängsten. Es ist wie ein Schalter, der die Partner dazu bringt, sich jetzt auf das Bevorstehende zu konzentrieren und alles andere zu vergessen.

Wenn du dir dieser Wirkung bewusst bist, lässt sie sich gut herbeiführen. Und weil es unbegrenzte Möglichkeiten gibt, kannst du mit deinem Partner eigene Rituale entwickeln, die nur ihr miteinander teilt. Beinahe leicht zu bewältigen sind Rituale, die wortlos – oder im Vorfeld über einen Chat besprochen – funktionieren.

Du bereitest dich vor, legst bestimmte Kleidung an, kniest dich in deiner Wohnung oder einem anderen Zimmer der gemeinsamen Wohnung mit verbundenen Augen hin, weißt, dass jetzt gleich der Mann kommt, mit dem du Sex haben wirst, und hast damit dein Ritual schon vollzogen. Du bist bereit.

Du kommst in die Wohnung und siehst eine halb geöffnete Tür. Du weißt, dahinter findest du den Kerl nackt auf dem Bett kniend oder im Sling hängend, je nach Abmachung. Du machst dich bereit, und wenn du die Tür öffnest, ist der Übergang getan.

Wenn man nach dem ersten Hallo noch ein bisschen quatschen will oder was zusammen trinken, ist es nicht ganz so einfach, plötzlich einen Wechsel zu vollziehen. Aber Rituale müssen nicht unbedingt nach Schema F ablaufen. Viele Handlungen werden als Ritual verstanden, ohne dass sie zwangsläufig schon einmal zuvor exakt so praktiziert wurden. Wenn du die Handfesseln, die Augenbinde, das Lederhalsband hervorholst oder deinen Hosenlatz aufknöpfst, kann das zum Ritual werden. Du musst nur eine gewisse Feierlichkeit in die Handlung legen, damit dein Partner Zeit hat, die Bedeutung zu erfassen. Je mehr Zeit du dir lässt, je langsamer du die Aktion angehst, desto mehr hat er Gelegenheit, die Gedanken auf das Bevorstehende zu konzentrieren, sich darauf zu freuen und dann wiederum die nötige Spannung und freudige Erregung aufzubauen, die den Einstieg in die Session ermöglicht.

Auch während der Session sind Rituale hilfreich und sexy. Die Zuweisung des immer gleichen Sitzplatzes in den Pausen signalisiert »Pause«. Der Aufbau des Slings macht auch einiges klar. Der Griff zur Gerte. Das Aufsetzen der Maske. Mit einer gewissen zeremoniellen Ruhe vorgetragen, kann alles zum Ritual werden. Das Gegenteil sind hastige, überraschende oder auch wilde Aktionen, die natürlich auch ihren Reiz haben.

Wenn man weiter in die Symbolkraft von Ritualen eintaucht, findet man sogar den Hinweis auf deren transzendente Bedeutung: Obwohl die geregelten Kommunikationsabläufe besonders den zwischenmenschlichen oder partnerschaftlichen Umgang erleichtern, ist da tief in uns drin noch eine andere Richtung angelegt. Denn gemeinsam vollzogene Rituale stärken nicht nur die Bindung zwischen dir und deinem Partner – unbewusst befriedigen sie auch den menschlichen Hang zu Religiosität oder Spiritualität. Sie lassen dein Herz schneller klopfen, wenn dein Meister die Peitsche wie ein Zepter in der Hand hält und mit aufgerichtetem Schwanz vor dir steht. Du musst einfach niederknien.

Sich mit Ritualen bewusst zu machen, was man gerade tut, ist nicht die schlechteste Art, das Leben ein bisschen zu entschleunigen

und dadurch zu würdigen. Und mit Sex das Leben zu feiern, das haben wir heutigen Männer auch nicht erfunden. Aber es macht immer noch Spaß, oder? Beim SM hat man viel mehr Möglichkeiten, Rituale mit einzubinden, als beim herkömmlichen Sex. Nicht nur wegen der Rollenverteilung, sondern vor allem wegen der vielen Accessoires und Spielarten, die rituelle Handlungen ermöglichen. Jeder Handgriff kann zelebriert werden, ohne dass er theatralisch wirken muss. Im Ausnahmezustand einer SM-Session darf alles ein bisschen dramatischer, bewegender oder spektakulärer als im normalen Leben sein. Das würde zumindest ich mir wünschen. Dazu gehört auch die Haltung, die du während der Session annimmst. Auch sie muss mit deinem Alltagsleben, dem »richtigen« Leben, nichts zu tun haben. Und damit sind wir bei unserem nächsten Kapitel.

▼ Hingabe – Der Weg ist das Ziel!

Etwas mit Hingabe zu tun bedeutet, sich völlig auf das Hier und Jetzt zu konzentrieren. Dazu gehört innere Beteiligung mit großem Eifer und Leidenschaft. Keine ablenkenden Gedanken an Vergangenheit oder Zukunft, Ursache oder Wirkung, Gründe oder Ergebnisse. Völlig fokussiert auf den Moment. Die Technik dafür ist erlernbar: Zen-Buddhisten zum Beispiel malen stundenlang dasselbe Schriftzeichen oder den Fuji mit einem einzigen Pinselstrich, aber sie versuchen auch, dieselbe meditative Hingabe beim Fegen von Steinfliesen oder dem Zubereiten einer Mahlzeit anzuwenden. Natürlich müssen wir nicht alle zum Buddhismus konvertieren, um in lustvolle SM-Momente einzutauchen. Aber wer sich in Hingabe übt, wird merken, dass viele quälende Gedanken ausbleiben, die ansonsten vor allem ungeliebte Tätigkeiten begleiten. »Wann bin ich endlich fertig?« – »Was bekomme ich dafür?« – »Wozu ist das gut?« All diese Fragen sollen beiseitegeräumt werden.

Das klingt erst mal vielleicht ein bisschen langweilig. Der menschliche Geist ist – besonders in unseren schnelllebigen Zeiten – nicht damit vertraut, Sinneseindrücke und heranschwirrenden Gedanken auszublenden. Die Angst vor der Stille verlockt zur Verweigerung des Innehaltens. Und doch ist der Zustand, in den uns Hingabe an

den Augenblick versetzen kann, ziemlich erstrebenswert. Ein Gefühl tiefer Zufriedenheit kann daraus erwachsen.

Sicher hat das jeder Mensch schon mal irgendwann erlebt, einen Moment der Selbstvergessenheit, in dem nur das Hier und Jetzt existierte. So einfach ist es letztendlich.

SM lebt von Hingabe. Ungeduldige Männer sind gezwungen, sich in Geduld zu üben, wenn sie erleben wollen, wie Sex, gepaart mit SM, ihnen neue Dimensionen von Glück und Lust eröffnet. Das Geschenk der Hingabe beruht dabei auf Gegenseitigkeit. Der Unterworfene schenkt ebenso Geduld, Zeit und Beherrschung seiner Gier wie der Meister. Das vertrauensvolle Warten auf die nächste Handlung und die sorgsame Vorbereitung derselben gehören ebenso dazu wie die Inbrunst während der Ausführung.

Übungen dazu sind einfach: Nicht blind und Schlag auf Schlag erfolgt zum Beispiel eine Bestrafung, sondern mit Ankündigung (»Jetzt kriegst du zehn Schläge auf den Arsch!«). Danach spannungsvolles Warten, gefolgt von der hochkonzentrierten Umsetzung genau dessen, was angekündigt war. Nicht mehr, aber auch nicht weniger.

Sich an dieses Vorgehen zu gewöhnen, sich der Dynamik des anderen Kerls hinzugeben, ist nicht einfach, sollte aber zunächst mal im Mittelpunkt stehen. Erst später kann dann eine Überraschung – also ein zusätzlicher Schlag oder ein zeitverzögerter letzter, heftigerer – die Spannung auf den nächsten Schritt erhöhen. Obwohl Regeln beim SM essenziell wichtig sind, sind Regeln doch manchmal auch ein bisschen langweilig. Wenn die Partner sich gut genug kennen, sind sie also manchmal auch zum Brechen da!

Im Alltag passiert es oft genug, dass wir unseren Egoismus unterdrücken müssen. Im Job, in der Beziehung, selbst in der Freizeit. Das kann richtig anstrengend sein. Den Egoismus für die Dauer einer Session mal ganz auszuklammern – schließlich bist du nur für das Wohl des Partners da –, kann eine befreiende Erfahrung sein. Nach einer Weile denkst du vielleicht gar nicht mehr an dich, denkst im besten Fall gar nicht mehr, sondern wartest nur, was du als Nächstes gesagt bekommst oder was mit dir gemacht wird. Ab ins Nirwana der Hingabe!

▼ Dominanz – die Zügel fest im Griff

Wir verbinden den Begriff »Dominanz« meist mit Entschlossenheit, Willensstärke, Bestimmtheit, Durchsetzungsvermögen, aber auch mit Aggressivität und Hartnäckigkeit.

Dominanz ist jedoch keine Eigenschaft, sondern ein Verhalten, das sich mit der entsprechenden Neigung erlernen lässt. Damit kann man doch arbeiten, oder? In der Psychologie spricht man von Dominanzverhalten, wenn ein Individuum das Verhalten von einem oder mehreren anderen beherrschen bzw. kontrollieren möchte. Erst mal klingt das vielleicht nicht besonders sexy, aber im wirklichen Leben finden wir dominante Männer irgendwie anziehend oder aufregend. Sie sind in der Regel extrovertiert und stehen gern im Mittelpunkt. Vom Wesen her direkt, konkret und gelegentlich bis an die Schmerzgrenze ehrlich, dazu noch mit jeder Menge Willenskraft, verlangen sie ihren Mitmenschen viel ab im täglichen Zusammenleben. Aber dieser Persönlichkeitstyp macht es sich auch selbst nicht leicht. Er versucht, Dinge aktiv zu ändern oder zu steuern, Probleme zu lösen und schnelle Ergebnisse zu erzielen, zeigt jedoch auch Beharrlichkeit, wenn es nötig ist. Mut, Entscheidungsfreude, die Initiative ergreifen, sich Wettbewerben und Herausforderungen stellen, das sind ebenfalls positive Merkmale, die auf diesen Typ zutreffen. Aber dominantes Verhalten kann auch negative Seiten entwickeln: Ruhelosigkeit, Sturheit, Grobheit, Aggressivität, Arroganz, das Fehlen von Verständnis für Schwäche.

Ein guter Dom braucht Entschlossenheit, aber auch Einfühlungsvermögen.

Viele dieser Eigenschaften sind beim SM völlig fehl am Platz. Aber der dominante Partner übernimmt eine Rolle, die sich an dem beschriebenen Persönlichkeitstyp orientiert. Um die Kontrolle über den devoten Part auszuüben, muss er in der Lage sein, physische und psychologische Methoden anzuwenden – Selbstbewusstsein, sicheres Auftreten und Aktionsfreude sind durchaus nützliche Attribute dafür. Während einer Session die Waage zwischen Entschlossenheit und dem nötigen Einfühlungsvermögen zu halten, zeichnet einen guten Dom oder Meister aus. Ebenso eine hohe Selbstbeherrschung, denn wenn das Machtgefühl zu einem Rausch wird, ist es mit der gemeinsamen Lust dahin. Damit es gar nicht dazu kommt, bedarf es der vorherigen Absprache. Der Lustgewinn für beide funktioniert nur, wenn der devote Partner die Dominanz zulässt, und zwar freiwillig. Sich die Kontrolle über einen hilflosen Partner mit Gewalt anzueignen, hat nichts mit unserem Thema zu tun, sondern ist eher unter echtem Sadismus einzuordnen. Mehr dazu später, wenn wir die Rolle von Top, Dom und Meister näher beleuchten.

▼ Unterwerfung – einfach mal das Ruder abgeben

Die nächste Zutat für lustvollen SM-Sex ist Unterwerfung. Sie ist das Gegenstück zur Dominanz, das heißt: sich unter jemandes Willen stellen, sich fügen und unterordnen. Das geht über Gehorsamkeit hinaus, ist schon beinahe Opferbereitschaft und braucht auf alle Fälle ein hohes Maß an Ergebenheit und Loyalität. Denn Entscheidungen oder Anordnungen infrage zu stellen, das widerspricht der Idee von Unterwerfung.

Es ist kein Zufall, dass nicht das passivere Wort »Unterwürfigkeit« verwendet wird. Voraussetzung für Unterwerfung ist der Wille dazu – es darf kein Reflex sein. Dominanz über einen willenlosen Menschen auszuüben, macht nicht wirklich Sinn. Und schon gar keinen Spaß. Natürlich mag es dem echten Sadisten gefallen, einen (emotional oder körperlich) schwächeren Mann zu quälen, aber bei Freizeit-SM-lern würden sich wohl oder übel Schuldgefühle breitmachen. Da bleibt der Lustgewinn auf der Strecke. Unterwerfung, die sich in Winseln und jämmerlichem Heulen ausdrückt, kann bestenfalls kurzzeitig und mehr oder weniger gespielt ein tragendes Element beim SM-Sex sein. Viel spannender und lustvoller ist es, wenn sich ein selbstbewusster Kerl für die Dauer einer Session freiwillig ausliefert und unterwirft.

Beim SM reichen die Formen der Unterwerfung von symbolischen Handlungen wie dem Lecken von Stiefeln oder Füßen bis hin zum Erdulden von Schmerzen. »Das bringt mir nichts« oder »Das tut mir weh« sind nicht die Sätze, die ein Dom hören will, wenn die Vorgaben der Session klar geregelt wurden. Natürlich ist es völlig menschlich, dass ab und zu mal trotz besprochener oder unausgesprochener Regeln das Spiel mit der Lust in Schieflage gerät. Dann ist eine Missfallensäußerung vom devoten Partner auch erlaubt und sogar wichtig. Aber – wie ich es mal erlebt habe – die Bemerkung eines »devoten« Partners, er wolle leider nicht blasen, weil er dabei immer einen Würgereiz bekäme, das ist dann doch zu viel. Ganz im Ernst: Da war so gar kein Wille da, devot für das Wohlbefinden des anderen (in dem Fall leider meinem!) was zu tun. Ein bisschen mehr darf schon gefordert werden, oder?

▼ Sadismus – der Kick der Macht

Wir verbinden diesen Begriff mit Eigenschaften wie brutal, gefühllos, gewalttätig und grausam, ja sogar bestialisch. Medizinisch betrachtet ist ein Sadist jemand, den es (sexuell) erregt oder befriedigt, andere zu demütigen und ihnen Schmerzen zuzufügen.

Solange der Sadismus nur eine Komponente beim Sex bleibt oder vielleicht nur eine Art Vorspiel, gilt dieses Verhalten schlicht als Ausprägung der individuellen Sexualität.

Woher kommt die Lust beim Sadismus? Am ehesten ist es wohl das Machtgefühl, das den Kick verschafft. Der Partner liefert sich aus, lässt alles mit sich machen, was du willst. Zumindest scheinbar, denn der abgesteckte Rahmen hat natürlich trotzdem Geltung. Und wenn der Partner dir erlaubt, ihm wehzutun oder ihn zu demütigen, ohne sich zu wehren, ist das nicht auch eine Form von Liebesbeweis? Oder auch ein Vertrauensbeweis, denn er akzeptiert deine Handlungen, ohne sie infrage zu stellen. Oder ein Kompliment, denn er unterwirft sich widerspruchslos deinen Wünschen und Anordnungen, damit du dich überlegen fühlen kannst. Da du davon ausgehen kannst, dass auch der andere Partner bei dem Spiel seinen Lustgewinn hat, darfst du die Gefühle, die in diesen Momenten aufkommen, ruhig genießen: das Fehlen von Angst, dass du bei einem deiner Worte oder deinen Taten beurteilt oder gar zurückgewiesen wirst. Die Sicherheit, bestimmen zu können, was als Nächstes geschieht und wie es genau ablaufen wird. Die Freiheit, die nächste Aktion zu starten – oder es bleiben zu lassen. Statt erneut die Gerte in die Hand zu nehmen, kannst du dir auch in der Küche einen Kaffee kochen. Oder kochen lassen. Für jeden Mann – und um der Ganzheitlichkeit Tribut zu zollen: auch für jede Frau oder Trans – ist das mal eine nette Abwechslung zum Alltag. Eine SM-Session ist eben der etwas andere Kurzurlaub!

▼ Masochismus – die Kehrseite der Männlichkeit

Im medizinischen Sinn bedeutet Masochismus, dass jemand (sexuelle) Lust oder Befriedigung daraus zieht, gedemütigt oder unterdrückt zu werden und Schmerzen zu erleiden, die ihm ein anderer zufügt. Also das logische Gegenstück zum Sadismus, so weit klar!

Wie beim Sadismus gilt auch dieses Verhalten lediglich als sexuelle Spielart, solange noch die üblichen Schweinereien wie Ficken, Lecken und Blasen mit im Programm sind. Und der Lustgewinn? Wenn der Startschuss für die Session fällt, fällt auch die Angst vor Zurückweisung von dir. Auch wenn Demütigungen oder Abstrafungen folgen, bist du doch für die Dauer der Session der Auserwählte. Die Unterwerfung befreit dich von der Verantwortung für deine Taten. Das, was mit dir gemacht wird, *musst* du zulassen, schließlich gibt es eine Abmachung. Die Erniedrigungen, die du erduldest, kannst du angstfrei dazu nutzen, deine Fantasien oder geheimen Wünsche im geschützten Rahmen der Session mit deinem Partner auszuleben. »Du dreckiger Schwanzlutscher« genannt zu werden, darf dich geil machen. Wenn du das auf der Straße hörst, kommen da andere Gefühle auf, möchte ich wetten. Dein Partner wird nicht böse sein, falls du einen Ständer bekommst, sollte er dir eine Ohrfeige verpassen. Ja, du darfst es genießen, zu erdulden, zu ertragen, dich klein machen zu lassen und völlig aufzugeben. Sachen hinzunehmen und zu machen, die du im »normalen« Leben nie tun würdest.

Schmerzen zu ertragen und demütigende Handlungen zu vollziehen, widerspricht dem üblichen Bild vom aufrechten, starken Mann, der in unserer Gesellschaft nach wie vor als Ideal gilt. Umso erregender ist es, sich in die genau entgegengesetzte Position zu begeben. Dazu gehört entweder die entsprechende Neigung oder eine gehörige Portion Neugier und Abenteuerlust. Die hatte ich mal während eines Kurztrips nach Amsterdam: Im Schattenbereich einer Fetischbar war ich an einen Kerl geraten, der mich langsam, aber unbeirrt nach unten auf den staubigen Estrichboden drückte. Da mir der Typ echt gut gefiel, machte ich mit. Und lag kurz darauf platt auf dem Rücken im Dreck. Worauf

»Dreckiger Schwanzlutscher« genannt zu werden, darf dich geil machen!

die Sau einen bestiefelten Fuß auf mir abstellte und anfing, meinen Körper mit dem Stiefel abzuklopfen. Allerdings ging die Nummer nicht wirklich weiter, und nach einer Weile wurde es mir doch zu langweilig. Ich rappelte mich auf, klopfte dem Kerl zum Abschied auf die in Leder verpackte Brust und ging hoch. An der Bar warteten Freunde. »Warst du das da unten auf dem Boden?«, fragten sie, und ich konnte ihr Erstaunen gar nicht verstehen. Sie wussten nicht, dass das für mich Neuland gewesen war, aber andererseits kannten sie mich so nicht. Auch wenn ich nicht alles ausprobiere, gehört diese Art von Abenteuer wohl doch in mein Spektrum. Aber wenn, dann muss da auch Sex dazu - nicht nur Stiefel!

▼ Schmerz - die andere Lust

Die ursprüngliche Bedeutung, vom althochdeutschen *smerza* oder auch *smerzo* abgeleitet, bezeichnet eher den seelischen Schmerz. Für körperlichen Schmerz wurde das Wort »Pein« benutzt, das aber aus unserem heutigen Sprachgebrauch schon so gut wie verschwunden ist. Es ging aus dem lateinischen *poena* hervor (genau wie das englische Wort *pain*) und bedeutet in der wörtlichen Übersetzung »Sühne«, »Strafe« oder »Rache«. Passt irgendwie, oder? Schließlich kommt diese Deutung dem Schmerz beim SM, um den es hier geht, schon wesentlich näher.

Schmerz ist, medizinisch betrachtet, kein Reiz, sondern ein Affekt, also eine Gemütserregung, eine besondere Qualität des Fühlens. Das ist der Ausgangspunkt, damit lässt sich arbeiten, um aus dem Schmerz Lust zu ziehen. Denn der körperliche Reiz der Nerven (z.B. durch Druck, Hitze) wird kombiniert mit einer Mischung aus Emotionen und Erinnerungen. Dieser Mix löst dann die individuelle Empfindung des Schmerzes aus. Was da also am Ende passiert, ist ziemlich subjektiv. Wie heftig oder sanft derselbe körperliche Reiz empfunden wird, ist von Mensch zu Mensch verschieden.

Das verlangt beim Spiel mit Schmerz eine große Portion Einfühlungsvermögen. Ein stures Abarbeiten von Praktiken oder Härtegraden mit diesem und jenem wechselnden Partner bringt gar nichts. Auch die Tagesform spielt eine Rolle, wie weit es gehen kann, bis die Lust kippt. Das gilt natürlich für beide Seiten. Wenn der devote Partner sich überschätzt und dann schlappmacht, also die Session abgebrochen werden muss, ist das wenig lustfördernd. Genauso wenn der Meister übertreibt und Grenzen überschreitet. Dann ist Ende Gelände. Abbruch.

Aus den genannten Gründen ist die innere Haltung extrem wichtig, die du gegenüber dem erwarteten Schmerz einnimmst. Schmerz ist erlernbar. Das kennen wir von Kampfsportarten und anderen Hardcore-Hobbys. Schrei also nicht gleich wie ein Verrückter, wenn dir mal ein Handgriff wehtut, und wehre den Gedanken nicht sofort ab, noch mehr ertragen zu können. Es muss ja nicht sofort sein, vielleicht noch nicht mal heute. Wenn du es zulässt und dein Partner einfühlsam vorgeht, wirst du dich nach einigen Trainingsstunden wundern, was deine Nippel, deine Eier oder dein Arsch aushalten. Vorausgesetzt, du hast zumindest eine Komponente daran entdeckt, die dich selbst geil macht – sei es der physische Reiz oder das devote Aushalten, um deinem Partner zu gefallen, oder die Faszination über den Ablauf in deinem Körper.

Schmerz in Lust zu verwandeln, ist erlernbar.

Nach einigen Erfahrungen in der Praxis hast du vielleicht die Haltung gefunden, die zu dir passt bzw. die dir am meisten Lust bereitet. Denn es gibt unterschiedliche Varianten, aus dem Schmerz Lust zu ziehen:

Die dominant-passive Einstellung (auch Aggressive Bottom*):* Der Bottom will eine bestimmte Körperstelle spüren, gibt das bekannt und fordert die Behandlung dieser Körperstelle sogar ein. Er genießt den Schmerz lustvoll, der ihm auf seinen Wunsch hin zugefügt wird.

Der leidende Passive: Er sehnt sich zwar nach Erniedrigung oder Schmerz, bei der Erfüllung seiner Wünsche fängt er jedoch an, zu jammern und zu heulen.

CONTICO

Der verinnerlichte Passive: Er lässt Erniedrigung und Schmerz ohne hörbare Zeichen über sich ergehen und signalisiert höchstens ab und zu, dass ihm etwas zu viel wird.

Aber auch das Zufügen von Schmerzen kann auf unterschiedliche Weise genossen werden:

Der wache Spieler: Er beobachtet ganz genau die Reaktionen des Bottoms, erspürt jede feine Schwingung und geilt sich an der Macht auf, diese Schwingungen hervorrufen zu können. Langsam tastet er sich an Grenzen heran, weitet sie aus, statt sie gewaltsam zu überschreiten.

Der gnadenlose Sadist: Er fragt nicht lange nach den Wünschen des Opfers, wenn es zur Sache geht. Das geile Spiel beginnt vorher schon, beim Besprechen der folgenden Session oder dem Aufsetzen eines Vertrags – Vorfreude ist eben die schönste Freude. Nach Beginn der Session besteht er dann darauf, vorangegangene Abmachungen oder Verträge in allen Punkten einzulösen, auch wenn das Opfer sich weigern will. Abgemacht ist abgemacht, die absolute Unterwerfung unter die ausgehandelten Bedingungen gehört zum Lustgewinn dazu.

Wenn alles gut läuft, können freigesetzte Hormone Glücksgefühle und ein regelrechtes High hervorrufen: Ein kräftiger Klaps auf die linke, dann die rechte Arschbacke. Du spürst, wie die Wärme sich ausbreitet. Nach dem zweiten und dritten Klaps steigert sie sich zur Hitze. Ein Finger, ein Schwanz, ein Dildo schiebt sich zwischen die brennenden Muskeln, mitten hinein in das weiche Fleisch. Ganz anders als sonst fühlt sich das an, wie eine Belohnung, eine Wohltat. Geil.

Das geile Spiel beginnt schon mit der Vorfreude auf die Session.

Das Sich-bewusst-machen von Körperteilen durch Schmerzen ist einer der schönsten Kicks beim SM. Sich fühlen – das funktioniert

am besten, wenn du dich ganz drauf einlässt. Nicht verkrampft, sondern entspannt und angstfrei. Wenn du Vertrauen zu deinem Partner fasst oder entschieden hast, dass du es ihm schenkst, kannst du ruhig atmen und die ersten Klapse empfangen. Ob sie zu Schlägen werden, liegt an euch. Spür einfach, wie sie landen und ausstrahlen. Je nach Empfindlichkeit – die wie gesagt subjektiv ist – kommt es nicht immer gleich zur Ausschüttung von Endorphinen. Dazu muss eine gewisse Intensität erreicht werden. Wenn das das Ziel einer Session mit deinem Partner ist, musst du es auch wollen und dich nach und nach darauf einlassen. Vielleicht passiert es, wenn du über das entspannte Stadium hinweg bist, dich schon etwas verkrampfst, obwohl du es nicht wolltest. Aber du hältst noch durch, willst es wissen, gibst kein Zeichen für Abbruch. Und dann, kurz danach, geht es los: Du kannst den Schmerz gar nicht mehr richtig lokalisieren, dein ganzer Körper wird durchflutet von heißen Wellen. Jetzt entspannst du dich aus anderen Gründen, das hat nichts mehr mit einer bewussten Entscheidung zu tun. Es passiert einfach. Die Hormone, die deinen Körper überschwemmen, nehmen dich mit in einen anderen Bewusstseinszustand. Hoffentlich kannst du danach noch sitzen!

DIE PROTAGONISTEN

Die Protagonisten

Wer spielt mit?

Beim Sex mit einem anderen Mann - oder mit mehreren - gehst du zwangsläufig eine Beziehung ein. Egal ob anonym oder bekannt, zwischen dir und deinem Partner kommt immer auch die eigene Persönlichkeit ins Spiel. Gott sei Dank. Das heißt bei entsprechender Promiskuität, dass etliche Nieten dabei sind: Vielleicht hat der Typ ein schönes Gesicht, vielleicht einen großen Schwanz oder eine tolle Figur, aber eben nicht das, was dich kickt. Irgendwas passt eben nicht, und nur darum weißt du wieder zu schätzen, wenn dann mal wieder die Funken sprühen. Und dieses Erlebnis kann bekanntlich süchtig machen. Weil SM ganz auf die Sexualität fixiert ist, also das Gegenteil von Gefühlen im Sinne von Romantik, sind die Erwartungen an die Erfüllung von erotischen Wünschen besonders groß. Darum sind Vorgespräche oder ein Chat nützlich, um den potenziellen Partner einschätzen zu können, wenn man ihn noch nicht kennt. Um Frust zu vermeiden, ist natürlich Ehrlichkeit die beste Voraussetzung. Nur wenn du sagst, was du willst, können Fantasien Wirklichkeit werden. Dazu gehört auch, dass du weißt, welche Rolle du bei der geplanten Session übernehmen wirst.

▼ Der Maso - schmerzgeiles Luder

Im Gegensatz zum Sklaven ist der Maso nicht an einer festen Bindung interessiert. Masos sind quasi die »Flittchen« im SM-Reich: immer auf der Suche nach dem nächsten Dom, der ihre Wünsche befriedigt oder ihnen was Neues beibringt. Dadurch kann die Bandbreite eines solchen Kerls ganz schön groß sein. Schließlich gibt es alle möglichen Formen von Demütigung, Unterdrückung und Schmerzen - viel mehr als Stellungen beim üblichen Sex. Und darauf steht der Maso. Jede Session mit einem neuen Partner ist durch dessen Dominanz bestimmt und vor allem auf dessen Wünsche zugeschnitten. Er gibt damit natürlich viel von sich preis. Das ist aufregend und öffnet Horizonte.

Trotzdem hast du auch als Maso ein Mitspracherecht zum Ablauf der anstehenden Session, damit du sie genießen kannst, ohne unangenehme Überraschungen zu erleben. Aber da nach der Session die Rollen wieder abgelegt werden, lässt sich auch mal eine Variante ausprobieren, die dir vorher vielleicht nicht in den Sinn gekommen wäre. Abbruch oder einen Gang runterschalten sollte ohnehin immer möglich sein. Das darf allerdings nur die Ausnahme sein und muss mit einem gewissen Maß an Einfühlungsvermögen passieren. Der arme Sado wird nämlich in seinem Höhenflug der absoluten Kontrolle ordentlich gestört, wenn ihm der Gehorsam zu schnell oder zu oft verweigert wird. Wirf ihm also nicht plötzlich heftige Schimpfworte an den Kopf – »Kannst du nicht aufpassen, du Arschloch?« – und führe dich nicht wie eine Furie auf, indem du wild

fluchend deine Sachen zusammenpackst, bevor du nicht überlegt hast, wie du das anders regeln kannst. Denn wenn es mit dem Kerl ansonsten passt, wird die nächste Session vielleicht besser.

Wenn du also gerne unterwürfig bist, auf Demütigung und Schmerzen stehst, aber keine Lust hast, als Sklave nach der Pfeife von immer ein und demselben Meister zu tanzen, darfst du dich getrost als Maso probieren. Vor allem als Mitspieler in Gruppensessions bist du sicher willkommen.

▼ Der Sklave – das ganze Leben eine Session

Wenn du dich dagegen nach einer festen Beziehung sehnst, in der du Demütigung und Schmerzen bekommst, bist du vielleicht eher der Sklaventyp. Dann muss aber noch der Aspekt der absoluten Hingabe dazukommen: Die Erfüllung der Wünsche und Fantasien des Partners sind dir wichtiger als deine eigenen. Ein richtiger Sklave ist auf der Suche nach einem Meister, dem er sein Leben anvertrauen würde. Er sieht seinen Sinn nur noch darin, seinem Herrn zu dienen, ist bereit, alles aufzugeben.

Ein solches Verhältnis einzugehen, will jedoch wohl überlegt sein. Schließlich geht es am Ende doch auch um die eigenen Sehnsüchte und Fantasien. Wenn der Meister die nicht – zumindest gelegentlich – befriedigt, muckt selbst der willigste Sklave auf. Mit Recht. Denn auch als Sklave dürfen deine Wünsche und Bedürfnisse nicht völlig außen vor bleiben. Abmachungen oder Verträge sollten von Zeit zu Zeit neu verhandelt oder zumindest noch mal geprüft, also besprochen werden. Das gibt beiden Partnern die Möglichkeit, einige Punkte neu zu sortieren oder zu streichen. Oder etwas ganz Neues mit einzubeziehen. Dann aber sind die Regeln wieder zu akzeptieren. Das bedeutet, dass ab jetzt wieder dein Meister bestimmt, was wann und wo passiert.

Das Überarbeiten der Regeln ist vor allem darum wichtig, weil das Verhältnis von Meister zu Sklave nicht auf die Dauer einer Session beschränkt ist, sondern ein ganzes Leben lang bestehen kann. Ach ja, die Liebe ...

▼ Der Sado – Macht und Kontrolle

Natürlich hat nicht jeder Mann eine sadistische Veranlagung. Sadismus wird von der Tiefenpsychologie oft mit Ängsten in Verbindung gebracht – zum Beispiel vor Machtlosigkeit, vorm Verlassenwerden oder vor Abhängigkeit. Da jeder die Erfahrung mit diesen Zuständen sicher schon auf die eine oder andere Weise gemacht hat, lässt sich diese Quelle wiederum bei jedem Mann – zumindest für die Dauer einer Session – anzapfen. Dann entsteht der Wunsch nach einem Partner, der diese Ängste garantiert erst gar nicht aufkommen lässt. Wenn sich der Partner – üblicherweise das passende Gegenstück, also ein Maso – völlig ausliefert, vermittelt er das Gefühl der absoluten Kontrolle. Das befreit von den genannten Ängsten. Beide Partner übernehmen ihre Rolle allerdings nur, solange die Session läuft. Danach begegnen sie sich wieder auf Augenhöhe.

Das gibt dir die Möglichkeit, einfach mal für ein paar Stunden das Gefühl der Macht über einen anderen Kerl auszukosten. Wenn der Bursche kritiklos deinen Befehlen gehorcht, sogar zulässt, dass du ihm Schmerzen bereitest, musst du doch ein ganz toller Hecht sein, oder? Du kannst sicher sein, keine Ablehnung oder Kritik zu erleben. Jedenfalls für die Dauer der Session darfst du in diesem Hochgefühl schwelgen. Du gibst den Ablauf vor und behältst den Überblick und die Kontrolle, kannst deine Wünsche und Fantasien real ausleben. Es ist ein Geschenk, das dir gemacht wird. Du kannst die kleine Schlampe benutzen, wie es dir gefällt, ihre Löcher stehen dir zur Verfügung, wann immer es dir passt, sie lässt dich mit ihrem Schwanz und den Eiern spielen, sich quälen und herumkommandieren, ohne sich zu wehren oder Widerworte zu geben. Egal wie arrogant und selbstsüchtig du dich verhältst, du wirst trotzdem bewundert. Sich mal als Herr zu fühlen, das kann mächtig Spaß machen.

Als Sado gibst du den Ablauf vor und behältst Überblick und Kontrolle.

Je größer das Machtgefälle während der Session ist, desto tiefer ist natürlich auch der Fall nach Beendigung. Weil aber das Verhältnis von Sado und Maso selten in einer Beziehung vorkommt – das wäre dann eher das Meister-Sklave-Modell –, können die Augenblicke der Ernüchterung durchaus ausgeklammert werden: Sobald der Maso aus der Tür ist, können die Hochgefühle gerne noch eine Weile nachglühen. Was bist du doch für ein super Typ!

▼ Der Meister – Lust und Verantwortung

So ein richtiger Meister (oft auch engl. »Master« genannt) ist gar nicht so einfach zu finden, wenn du Sklave sein möchtest und einen suchst. Und das aus gutem Grund, denn die Verantwortung für einen anderen Menschen zu übernehmen, wie es im Meister-Sklave-Verhältnis der Fall ist, verlangt einem Mann viel ab. Meistens wird diese Rollenverteilung zunächst nur als Element für die Dauer einer Session ausprobiert. Das läuft dann eher nach dem Sado-Maso-Schema ab. Sollte es gut klappen, kann sich daraus eine echte Beziehung ergeben, in der der Meister die volle Kontrolle über den Sklaven hat. Fantasien, vom wilden Fick im Schlafzimmer über den Tagesablauf des Sklaven bis hin zu seinem Bankkonto alles zu bestimmen, prallen aber in der Realität schnell an die Wand. Es artet nämlich ganz schön

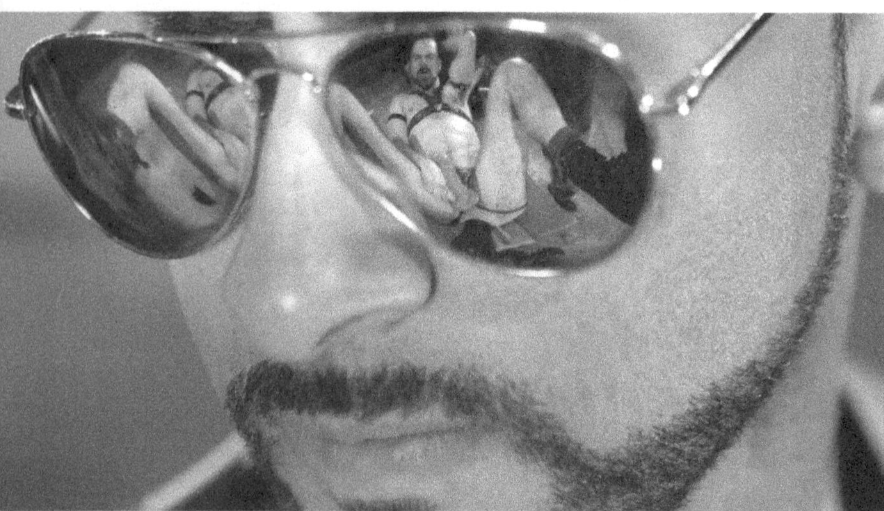

in Stress aus, wenn man ständig die richtigen Entscheidungen im Alleingang treffen muss. Darum ist dieses Beziehungsmodell wohl eher die Ausnahme und nur für absolute Profis geeignet. In einer lockereren Variante, die sich leichter verwirklichen lässt, lebt sich die Meisterrolle in wiederholten Sessions aus, in denen er den Sklaven immer mehr dazu erziehen kann, ihm seine Wünsche zu erfüllen und Bedürfnisse zu befriedigen. Von Mal zu Mal kann am Level der letzten Sitzung angeknüpft und eine Steigerung versucht werden.

Eigentlich ergeben sich daraus wiederholte Sado-Maso-Sessions. Weil sich aber im Laufe der diversen Sessions ein Vertrauensverhältnis entwickelt hat, können zum Beispiel ruhige Momente eine andere Dimension gewinnen. Sie sind dann nicht nur Anlauf für die nächste Fick-, Quäl-, Schlag- oder Peitschaktion, sondern es darf auch mal gekuschelt werden, ohne dass dem Meister ein Zacken aus der Krone fällt.

▼ Der Switcher - Zu allem bereit?

Der Begriff »Switcher« kommt vom Englischen *switch*, was »schalten« oder »wechseln« bedeutet. Er wird benutzt für Männer, die nicht auf eine Rolle festgelegt sind, sondern sie gelegentlich oder nach Bedarf wechseln. Das eröffnet natürlich unzählige Möglichkeiten. Als Switcher hast du die Chance, alle Seiten kennenzulernen und auszukosten. Das entspricht ungefähr den Angaben »Eher Top« oder »Eher Bottom« – je nachdem wo dein Schwerpunkt liegt –, wie man sie auf Profilen in Internet-Communitys findet. Natürlich bringt das auch Probleme mit sich. Einige »reine Bottoms« können mit der Vorstellung, dass ihr Top sich auch ab und zu mal ficken lässt, nicht umgehen. Einige »reine Tops« wollen wiederum keinen Kerl, der eventuell zu dominant werden könnte. Dazu gibt es eigentlich nur eins zu sagen: Vergesst den ganzen Quatsch! Der Großteil der schwulen Männer hat Erfahrungen auf der jeweils anderen Seite gemacht und sollte sich zumindest vorstellen können, dass auch das Spaß machen kann.

Glücklicherweise bist du als Switcher ein durchaus begehrter Mitspieler, denn dein Vorteil liegt genau darin: Du bringst eine Menge

Know-how mit. Durch das Praktizieren beider Varianten beim Sex kannst du ein gutes Einfühlungsvermögen entwickeln, sowohl für die Position des einen als auch des anderen Parts. So kannst du von anderen Tops und Doms lernen, wenn du Bottom bzw. Sub bist. Neue Spielarten, Redewendungen oder Accessoires, die dir bisher fremd waren, gefallen dir vielleicht. Vielleicht kommt dir auch während der Session eine Idee, wie sich das Ganze noch optimieren ließe. Wenn deine Eingebung richtig war, kannst du dich daran erfreuen, dass bei der nächsten Session, in der du den Dom gibst, dein Partner abgeht wie ein Zäpfchen.

Umgekehrt funktioniert das natürlich genauso: Diesmal bist du Dom, und in der Absprache des Programms, die einer Session vorangeht, können neue Ideen auftauchen, auf die du selbst in der Rolle des Sub nie im Leben gekommen wärst. Und jeder Sub reagiert anders. So kann auch während der Ausführung bestimmter Praktiken die Reaktion, das Verhalten des Partners dich derart kicken, dass du es beim nächsten Mal übernimmst, wenn du wieder unten liegst. Und du merkst, wenn es dann auch tatsächlich klappt und dein Dom ganz klar Gefallen daran findet, dass du eine Entdeckung gemacht hast.

Als Switcher kannst du vor jeder Session eine genaue Rollenverteilung vorziehen oder während der Session die Position wechseln. Letzteres ist bei einer Session mit mehreren Kerlen schnell passiert, kann aber beim Spiel zu zweit für Irritationen sorgen. Wir reden hier schließlich nicht davon, dass du und dein Partner euch fickt oder blast, sondern von SM. Da spielen Machtgefälle und andere Mechanismen eine wichtige Rolle, die nicht so einfach aus dem Gefüge rutschen dürfen, wenn das mit der Geilheit weiter klappen soll. Ein gewisses Gefühl für Diplomatie sei also empfohlen, wenn der Wunsch in dir aufkeimt, deinen Top umzudrehen und zum Fickstück zu machen. »Ja, du verhurtes Dreckstück, das brauchst du doch!« ist ein riskanter Satz, wenn du vor Kurzem noch eine willige Sklavensau warst. Vielleicht könnt ihr ja so tun, als ob du ihn nur unter Zwang fickst, obwohl du eigentlich gar keine Lust dazu hast, sogar von dem Gedanken angewidert bist. Dann kann er so tun, als ob er noch die Kontrolle besitzt, und du kannst im Kopf einen ganz anderen Film fahren, während du ihn durchknallst. Wo ein Wille ist, ist auch ein Weg!

▼ Der Top - SM als Zugabe

Während einer Session oder in einer Beziehung verhält sich ein Top aktiv und dominant – bis er sich auf den Rücken schmeißt und die Beine breit macht. Scherz beiseite: Er ist natürlich aktiv im Sinne von »Ich lass mich nicht ficken und blas auch nicht«. Dominant im Sinne von »Ich bestimme, wo's langgeht«. Diese Regel kann jedoch tatsächlich gelegentlich gebrochen werden, aber wir lassen ihn mal so stehen, den Top.

Die Sporen kann sich ein Top natürlich auch bei Ritten außerhalb des SM-Geländes verdienen. In der Szene weiß jeder, welche Grundhaltung beim Sex gemeint ist, wenn im Onlineprofil die Angabe »Top« steht. Erst wenn SM-Spiele dazukommen, verschwimmt der Begriff in Richtung Sado, Dom oder Meister. Je nachdem. Die wenigsten Tops, die die etwas wildere Gangart bevorzugen, würden sich selbst als Sado oder Meister bezeichnen, selbst wenn sie mit diesen Rollen spielen.

Der Top kann Sado-Elemente mit in die Session einbeziehen, hat aber vielleicht keine Lust, Dominanzspielchen zu machen – also kein Befehlston, noch nicht mal Kommandos bei Tittentrimm oder Sackfolter. Rollenspiele können ebenfalls komplett fehlen. Hauptsache, er kann zu irgendeinem Zeitpunkt der Session endlich ficken und sich den Schwanz blasen lassen. Für den Sado wäre das eher Nebensache.

Auch gut möglich, dass ihn Quäl-, Schlag- und Peitschaktionen nicht interessieren. Dafür befiehlt er aber seinem Bottom dominant, was er zu tun hat. »Tu dies, mach das, leck hier, schluck dort.« Vielleicht erfolgt auch die Anordnung, ihn zu ficken. Sogar das klappt in vielen Fällen, ohne dass die Achtung vor der Rolle des Tops flöten gehen muss. Ein Top hat also außer Ficken und Blasen vielleicht nur einen Teil des SM-Repertoires mit dabei (Schmerz oder Gehorsam) – oder aber auch alles, und er will sich nicht festlegen. Dann

Bei Bedarf bedient sich der Top auch mal aus dem SM-Repertoire.

greift er je nach Partner oder Gelegenheit in seine Pralinenschachtel und holt die eine oder andere bittersüße Überraschung heraus.

▼ Der Bottom – Alles kann, nichts muss!

Der Bottom ist üblicherweise das passende Gegenstück zum Top. Oft wird der Begriff synonym zu »Sub« verwendet. Er lässt sich gern ficken und bläst gerne, nimmt als devoter Part aber eventuell auch Kommandos entgegen oder erduldet als Maso Schmerzen und Erniedrigung. Was wann und wo auf die Liste kommt, bestimmt ein Bottom je nach Laune. Aber immer noch liegt der Schwerpunkt der Session auf ausgiebigem Blasen und Ficken. Hauptsache, irgendwann kommt ein richtig dickes Ding in seine Kiste. Das unterscheidet ihn vom reinen Maso oder Sub. Der käme nämlich auch mal ohne aus.

Sollte dich das ansprechen, kannst du gerne noch einen drauflegen: Wie wäre es als *Aggressive Bottom*? Diesem speziellen Typ liegt die wilde Sexbestie geradezu im Blut: laute Schreie, zornig versautes Gebrüll – »Ja, fick mich härter, du verdammte Drecksau!« –, heftiges Gegenrammen statt bloßem Hinhalten, keine Skrupel, dem Top ebenso hart an die Titten zu gehen wie er dir. Das alles muss natürlich in Harmonie zu dem Tempo passieren, in dem ihr euch gerade befindet. Wenn du zu früh loslegst mit deinem fordernden Auftritt, verschreckst du eventuell den Top. Lieber also erst mal antesten, wie belastbar dein Top ist, bevor du den Ton angibst. Wenn er von der dominanten Sorte ist, kann es sonst heftige Zurechtweisungen hageln, und wenn er einen kleinen Sado in sich hat, auch mal Schläge. Falls dir das sowieso gefällt – nur weiter so! Falls nicht, musst du ein bisschen umschalten, damit der Sex weiterhin klappt. Es kann nämlich durchaus sein, dass dein Top nicht der Typ für Angriffe auf seine Position ist. Das macht ihm vielleicht Angst, und er will nur, dass du schön unten bleibst. In der freien Wildbahn gibt es angeblich einen Mangel an »echten« Tops, darum solltest du vielleicht lieber genießen, unter solch einem raren Exemplar zu liegen, und einfach mal die Klappe halten.

▼ Die richtige Paarung – unbegrenzte Möglichkeiten

Egal unter welcher Bezeichnung du dich am ehesten wiederfindest: Flexibilität in die eine oder andere Richtung ist immer brauchbar und oft auch sehr willkommen. Vor allem wenn du dabei in deiner Grundrolle, also Top, Dom, Sado oder Meister bzw. Bottom, Sub, Maso oder Sklave, bleibst. Die fließenden Übergänge zwischen den jeweiligen Bezeichnungen werden gerne angetestet oder auch vertieft, sodass die Zuordnung sowieso nicht absolut eindeutig ist. Wozu auch? Dann wird der Ton vom Top eben ein bisschen derber – »Ja, mach schön auf, du schwanzgeiles Luder!« Wenn das ein richtiger Befehl ist, fällt das ins Repertoire vom Dom. Aber wen interessiert das? Dann klatscht der Dom dem Bückstück mit der flachen Hand ordentlich auf den Arsch beim Ficken. Ist er dann plötzlich ein Sado? Wer kann das schon so genau sagen?

Das Schöne an der Partnerwahl beim SM ist: Die Beziehung dauert nur so lange wie die Session. Darum sind Labels und Absprachen auch nicht in Stein gemeißelt und können – bei Gefallen – beim nächsten Mal vertieft oder sogar neu definiert werden. Wenn es kein nächstes Mal gibt, darf man auf mehr Glück beim nächsten Mann hoffen. Und auch mit dem lohnt es sich, eine Session auszuprobieren, wenn ihr grundsätzlich dieselbe Wellenlänge habt.

Überraschungen – gute wie schlechte – sind immer Teil des Gesamtpakets, aber das ist ja genau der Kick.

Nur beim Meister-Sklave-Verhältnis können Überraschungen verhindert werden, wenn ein exakt ausgearbeiteter Vertrag die Regeln von vornherein festlegt. An sich eine gute Idee, oder?

Aus reiner Neugier habe ich vor langer Zeit mal einen Versuch gewagt. Als sich ein junger Typ bei mir meldete, der unbedingt mein Sklave sein wollte, bekam ich Lust, die Sache richtig profimäßig anzugehen. Kaufte meine erste Gerte. Setzte einen Sklavenvertrag auf, mit allem Drum und Dran, den ich aus Versatzstücken von Internet-Vorbildern zusammengestellt hatte. Ich bestellte den Kerl zur Musterung und machte ihm klar, dass ich ihn mir nur ansehen wollte, also ohne Sex. Dafür zog ich mir einen schwarzen Anzug plus Krawatte an – und Springerstiefel – und wollte so richtig böse rüberkommen.

Der Bursche klingelte einigermaßen pünktlich, aber doch fünf Minuten zu spät. Das würde ich gleich mal zum Thema machen oder auch ahnden, dachte ich mir. Er zog sich wie abgesprochen brav im Flur aus und klopfte an die Tür, die ich ihm beschrieben hatte. Ich schnauzte: »Komm rein!« und bekam ein ziemlich schnuckliges Kerlchen zu sehen. Er musste sich mit nacktem Arsch auf den Stuhl vor meinem Schreibtisch setzen, und ich erklärte ihm erst mal, dass sein Zuspätkommen kein gutes Bild auf ihn als Sklaven warf. Er redete nicht viel, wirkte völlig eingeschüchtert von dem ganzen Szenario. Ich stellte ihn nackt an die Wand und befummelte ihn mehr oder weniger eingehend, dann musste er sich wieder setzen, und ich legte

ihm den Sklavenvertrag vor. Er sollte ihn mitnehmen. Ein adressierter Umschlag war dabei. »Wenn ich den von dir unterschrieben zurückbekomme, können wir beim nächsten Mal loslegen«, meinte ich zum Abschluss so cool wie möglich. Ich habe nie mehr von ihm gehört.

Lag es an meinem Sklavenvertrag? Weil ich nicht annehmen mochte, dass es an mir als Typ lag, schob ich es auf das ganze Drumherum, das den Kleinen wohl doch überfordert hatte. Den Sklavenvertrag fand ich nämlich echt gut. Irgendwo liegt das Ding auch noch bei mir in der Wohnung rum, als Ausdruck, aber natürlich kann ich es nicht finden. Die Datei ist längst in einer Kiste meiner archäologischen PC-Sammlung vergraben.

Hier findest du ein paar Vorschläge, welche Punkte in einem Meister-Sklave-Vertrag berücksichtigt werden können. Im Internet lassen sich leicht unzählige Entwürfe abrufen. Wenn der Vertrag dem Sklaven ohne vorherige Absprache vorgelegt wird, gilt: Je detaillierter die Vorgaben, desto mehr können die persönlichen Vorlieben des Meisters formuliert und eingefordert werden. Damit riskierst du natürlich eine hohe Absprungrate, aber im Glücksfall bekommst du genau das, was du willst. Wenn schon ein paar Sessions stattgefunden haben, oder zumindest ein Abgleich von Wünschen und Bedürfnissen, dann müsste der Vertrag beiden Partnern passen. Nachverhandlungen sollten ja möglich sein.

Rechtsgültig sind Sklavenverträge natürlich nicht.

Beginn und Ende des Meister-Sklave-Verhältnisses: Zumindest der Beginn sollte eindeutig festgelegt werden. Das macht's ein bisschen feierlich und könnte auch bei späteren Debatten helfen. Rechtsgültig sind solche Verträge allerdings nicht, gelten also im ernsthaften (juristischen) Streitfall nur bedingt als Dokumente (s. auch »SM und Recht«). Der Vertrag kann am nächsten Morgen enden oder auch unbefristet sein. Die einzelnen Punkte so eines Vertrags sollten zumindest in einer längeren Meister-Sklave-Beziehung von Zeit zu Zeit gemeinsam besprochen und nachgearbeitet werden.

Allgemeine Pflichten des Sklaven: Da es sich bei so einem Vertrag nicht um eine Vereinbarung zwischen gleichberechtigten Partnern handelt, sind in der Regel die Pflichten des Sklaven zahlreich im Vergleich zu denen des Meisters. Er muss der Lust des Meisters dienen, er wird dies widerspruchslos tun, er muss Befehlen gehorchen, er akzeptiert Strafen für all seine Verfehlungen, die der Meister wählt, er darf nur reden, wenn er gefragt oder aufgefordert wird, und so weiter.

Der Sklave akzeptiert Strafen für all seine Verfehlungen.

Spezielle Pflichten und Regeln: Unter diesen Punkt fallen meist Vorgaben über das äußere Erscheinungsbild des Sklaven (Kleidung, Haarschnitt, Körperrasur, Hygienezustand) oder wie der Sklave den Meister anzusprechen hat. Auch die Benutzung des Sklaven durch Dritte oder im Beisein von Dritten kann hier geregelt sein. Je nach persönlicher Vorliebe können unzählige weitere Regeln definiert werden: Wenn du gerne Fotos oder Filmchen aufnimmst, kann der Sklave z.B. verpflichtet werden, für Nacktaufnahmen zur Verfügung zu stehen. Bei einem weitreichenden Verhältnis, das auch den Alltag betrifft, werden zusätzlich das Auftreten in der Öffentlichkeit oder die finanzielle Situation geregelt. Auch das geforderte Verhalten bei bestimmten sexuellen Praktiken kann mit aufgeführt werden. Wenn das alles ein zu kompliziertes Regelwerk wird, besteht natürlich die Gefahr, dass man pausenlos mit Beachtung oder Ahndung beschäftigt ist. Das kann stressen – wenn nicht genau das der Kick sein soll.

Bestrafungen bei Verfehlungen: Das bis ins kleinste Detail zu klären, kann auch ziemlich aufwendig werden. Schließlich will man nicht die ganze Zeit im Strafkatalog blättern, sondern eigentlich miteinander spielen. Ein paar allgemeine Punkte sollten also reichen: Der

Sklave hat versäumt, sich den Sack ordentlich zu rasieren? Zehn Schläge mit der Gerte. Oder so ähnlich.

Pflichten des Meisters: Der Meister verpflichtet sich im Regelfall dazu, auf die körperliche und seelische Gesundheit des Sklaven zu achten, keine Praktiken zu verlangen, die dauerhafte Schäden nach sich ziehen (können), keine sichtbaren Spuren im Gesicht und auf den Händen zu verursachen, beim Gebrauch des Sklaven durch Dritte erreichbar zu bleiben usw. Es geht also hauptsächlich darum, dass der Meister die ihm übertragene Verantwortung für den Sklaven ernst nimmt.

Regeln für beide: Hier ist z.B. die Festlegung eines Safewords und die Verpflichtung zur Benutzung und Beachtung desselben wichtig. Die Einhaltung von Regeln wie SSC oder RACK (siehe die entsprechenden Kapitel) fällt auch unter diesen Punkt. Besonders bei längeren Meister-Sklave-Verhältnissen bietet es sich auch an, das Verhalten in Hinblick auf Treue oder Sessions mit Dritten in Abwesenheit des jeweils anderen zu klären.

Daten wie Alter, Größe und Gewicht oder Krankheiten und Allergien sind nicht zwingend erforderlich, können jedoch ebenfalls mit aufs Papier kommen – je nach geplanten Spielarten können sie durchaus wichtig werden. Und am Schluss muss natürliche eine Unterschrift drunter. Das macht's ein bisschen feierlich. Zwei Kopien sollten reichen, und es muss kein Büttenpapier sein, aber vielleicht doch was Haltbareres als Küchenrolle. Verlangt also ganz schön Planung, so ein Vertrag, aber das kann wie ein Vorspiel sein und Spaß machen. Definitiv nichts für einen Quickie, aber das ist ja sowieso nicht der Sinn eines Meister-Sklave-Verhältnisses.

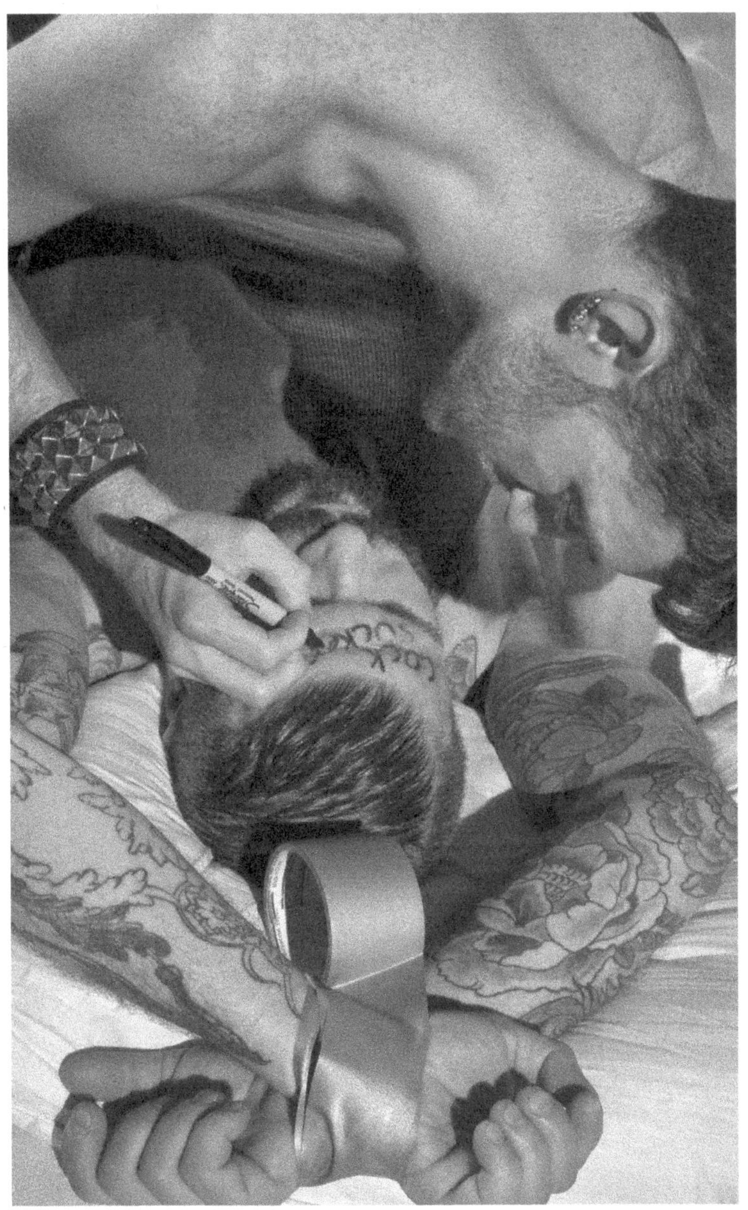

Das Sub-Interview: Andi aus Mannheim

Wann hast du bemerkt, dass du beim Sex gerne die devote Rolle übernehmen willst?

Eigentlich als mir bewusst wurde, dass ich schwul bin. Dass ich Männer liebe eben. Ich wollte sie nicht erobern, sondern ihnen gefallen, das war einfach so. Also habe ich beim Sex schon immer mehr daran gedacht, was meinem Partner gefällt oder gefallen könnte. Meine eigene Befriedigung war mir nicht so wichtig.

Wirst du nicht auch geil beim Sex?

Doch, sogar sehr. Je geiler der Kerl wird, umso geiler werde ich auch. Ich wichse auch dabei, wenn ich kann. Aber ehrlich gesagt hole ich mir lieber erst später einen auf das Erlebte runter. Das hängt auch damit zusammen, dass ich selbst nicht kommen will, weil ich dann vielleicht nicht mehr so viel Lust habe, mich benutzen zu lassen. Genau das ist es aber, was ich will. Mich benutzen lassen. Für mich sind die Momente am geilsten, in denen ich vollkommen konzentriert auf den Schwanz vor mir oder in mir bin. Dann kann ich mich total vergessen und richtig high werden bei der Konzentration auf den Schwanz von dem anderen Kerl.

»Genau das ist es, was ich will – mich benutzen lassen.«

Und bei SM-Sex funktioniert das auch?

Ich brauche eine Weile, bis ich den Zustand erreiche. Der Top muss mich da langsam hinbringen. Aber in der Regel klappt das.

Kannst du diesen Wunschzustand beschreiben?

Also wenn es um SM geht, heißt das für mich, gefesselt oder fixiert zu werden und dann dem Top zu erlauben, mit mir zu machen, was er will. Ein bisschen Bewegungsfreiheit brauche ich zwischendurch aber schon. Natürlich kennen die beiden Kerle, mit denen ich mich regelmäßig treffe, meine Grenzen. Obwohl wir auch immer wieder mal was Neues ausprobieren, wo man dann erst mal experimentieren muss, was geil ist oder nichts für mich.

Zum Beispiel?

Na ja, das ist meistens, wenn ein neues Toy ins Spiel kommt. Das kann schon ein neuer Dildo sein oder eine neue Peitsche oder eine neue Nippelklammer. Dann versuche ich das zuzulassen, aber manchmal ist es eben nicht das Richtige. Das merkt mein Meister an den Reaktionen.

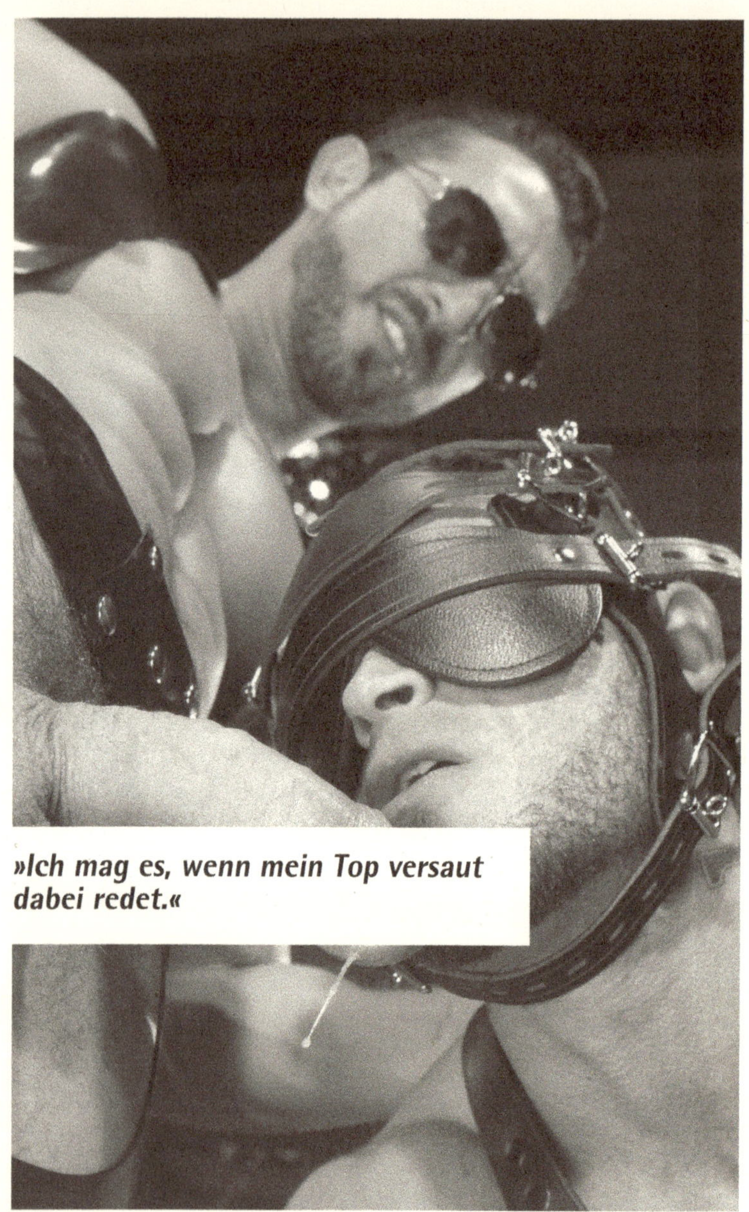

»Ich mag es, wenn mein Top versaut dabei redet.«

Aber wenn es gut läuft, kannst du abheben?
Ja. Wie gesagt, das dauert eine Weile. Ich darf nicht das Gefühl bekommen, dass ich unter Zeitdruck stehe. Oder er. Manchmal braucht es mehrere Anläufe, bis mich der Dildo oder die Peitsche im richtigen Moment erwischt, wo ich dann loslassen kann. Dann bin ich völlig locker, überall, und liefere mich einfach aus. Ich glaube, der Gedanke, dass sich der Kerl hundertprozentig auf mich konzentriert, gibt mir unbewusst den Kick. Selbst wenn er gar nichts macht, höre ich ihn atmen oder wie er im Zimmer herumläuft und weiß, dass er mich ansieht oder gerade was plant, was er mit mir machen will. Das ist geil.

Dann genießt du es, wenn deine Augen verbunden sind?
Ja, aber manchmal ist es auch geil, was zu sehen. Wir haben auch immer gute Pornos laufen, das mag ich. Und die Aktionen zu sehen ist eben geil.

Magst du Dirty Talk?
Also, was ich mag, ist, wenn mein Top versaut dabei redet. Allerdings muss das dann auch das Richtige sein. »Jetzt kriegst du den Arsch versohlt, du Dreckstück!« oder so was. Das finde ich geil. Aber wenn's zu heftig wird, bringt mich das runter. Mit den Befehlen ist das ein bisschen schwierig. Wenn es um konkrete Sachen geht, ist es okay, also Bücken oder Aufstehen. Was ich nicht mag, ist, wenn ich selbst quatschen soll.

Bist du eher still während einer Session?
Ja, weil ich eben ganz in mir drin bin, wie so eine Hülle. Wie willenlos, einfach nur ausgeliefert. Und wenn ich dann sagen soll, wie geil das alles ist, oder was weiß ich, dann reißt mich das raus. Dann muss ich mich voll auf den Text konzentrieren, weil ich nicht richtig weiß, was er jetzt hören will. Ich war ja ganz weit weg irgendwie.

Wie erlebst du Schmerzen in deinem Wunschzustand?
Das klappt mal besser und mal schlechter. Wenn's gut läuft, bin ich später selber überrascht, wenn ich meinen Arsch sehe, mit den Strie-

men drauf und so rot. Dann hab ich ziemlich was aushalten können und hab's gar nicht so mitgekriegt.

Dass du Schläge bekommen hast?
Nein, womit das passiert ist. Irgendwann ist das so eine brennende Fläche, und man kriegt gar nicht mit, was da draufknallt. Vor allem, wenn es einen schnellen Wechsel gibt.

Einen Wechsel der Peitsche?
Ja, oder Gerte oder nasses Handtuch oder was sonst noch.

Nasses Handtuch?
Klar. Das ist geil!

Du hast von zwei Kerlen gesprochen, mit denen du dich ab und zu triffst. Hast du zurzeit keinen Meister?
Nein. Mit den beiden Typen habe ich alle paar Wochen eine Session. Abwechselnd mal mit dem einen oder mit dem anderen. Manchmal ist auch noch ein dritter oder vierter Mitspieler dabei. Die sehe ich eigentlich nur, wenn wir uns für Sex verabredet haben. Ob ich eine dauerhafte Meisterbeziehung suche, weiß ich gar nicht.

»Ob ich eine dauerhafte Meisterbeziehung suche, weiß ich gar nicht.«

Hattest du das schon mal?
Nein, bisher noch nicht. Zum Ausleben meiner Fantasien reicht es mir, wenn ich dann und wann eine ausgiebige Session habe. Danach bin ich zwar noch tagelang geil, also nicht wirklich satt, aber trotzdem irgendwie entspannt.

Dann können die Sessions also gar nicht lange genug dauern?
Na ja, irgendwann macht halt der Körper schlapp, obwohl man innerlich noch geil wie sonst was ist. Aber am liebsten würde ich mal länger durchhalten. Wenn's hochkommt, dauert unsere Session zwar

auch mal ein Wochenende lang, aber selbst dann will ich gar nicht, dass es aufhört. Vielleicht will ich auch einfach über den Punkt hinausgebracht werden. Also, obwohl ich total schlapp bin und eigentlich nicht mehr will, immer noch weiter benutzt werden. Ob ich das wirklich schaffen würde, weiß ich allerdings nicht. Darum weiß ich auch nicht, ob ich ein echtes Meister-Sklave-Verhältnis will.

»Zum Kuscheln hätte ich aber gerne auch noch einen Lover.«

Das klingt, als wäre es im Moment ganz gut, so wie es ist.
Ja, eigentlich schon. Zum Kuscheln hätte ich aber gerne auch noch einen Lover.

Kann das mit einem der beiden anderen nichts werden?
Nein, da geht's nur um Sex. Der eine ist auch verpartnert.

Bist du schon mal an Typen geraten, die deine Grenzen überschritten haben?
Ja, schon oft. Aber immer nur kurz, dann haben wir die Aktion abgebrochen, und dann war entweder Schluss, oder wir haben was anderes gemacht. Da gab's nie ein ernstes Problem.

War nicht abgesprochen, was passieren wird?
Nein, das wär ja auch langweilig. Das war meistens mit Kerlen, die ich in einer Bar kennengelernt habe. Da wird dann nicht alles bis ins letzte Detail besprochen, bevor man zusammen nach Hause geht. Im Chat ist das schon eher so. Aber auch da gibt es immer noch genügend Überraschungen. Und die meisten finde ich ziemlich geil.

Weil es was Neues für dich ist?
Nicht immer, aber das gibt's natürlich auch. Meistens geht es darum, dass ich das dem Kerl, auch nach dem Chat oder in der Bar, nicht zugetraut hätte, dass er so oder so drauf ist. Vielleicht sende ich auch

Signale aus, damit die Kerle mal Sachen machen, die sie sonst nicht machen. Das wäre geil.

Also willst du die Kerle durch deine eigene Geilheit geil machen?
Ich habe herausgefunden, dass es gut ankommt, wenn ich zeige, was mich geil macht. Am liebsten wäre es den Tops, wenn ich es auch noch sagen würde, aber darin bin ich nicht so gut. Höchstens mal im Vorfeld. Wenn's dann zur Sache geht, stöhne ich lieber oder schreie auch mal, wenn es geht. Knebel mag ich nicht so.

Übernimmst du auch manchmal selbst den aktiven Part?
Nein, nie. Ich bin ein absoluter Bottom.

Und wenn dein Meister dir befehlen würde, einen anderen Bottom zu ficken?
Dann hat er Pech gehabt. Aber ich habe nichts dagegen, mit einem

anderen Bottom zusammen den Meister zu verwöhnen. Allerdings bin ich sehr gierig, darum ist es mir lieber, wenn ich der Einzige bin.

Dann wünsche ich dir, dass du bei deiner Gier auf dich aufpasst.
Ja, das klappt ganz gut, denke ich.

Hast du manchmal Angst vor einem Treffen, besonders mit einem neuen Typen?
Nein, ich freu mich eigentlich immer drauf. Bin eher aufgeregt. Wenn's nicht klappt, bleibt es eben bei dem einen Mal. Dann gibt's meistens eine lustige Geschichte zu erzählen, das ist ja auch schon was.

Hast du eine kurze, die du hier erzählen möchtest?
Da könnte ich tausend erzählen. Da müssten wir ein extra Buch draus machen.

Dann fang mal am besten gleich an zu schreiben.

»Ich wurde von meinem Lover zum SM verführt.«

Das Dom-Interview: LEO-MUC aus München

Wann und wie hast du gemerkt, dass du ein Dom bist? Oder sein willst?
Die Neigung hatte ich wohl schon immer, aber eher unbewusst. Ein Lover hat mich dann dazu gebracht, bestimmte Dinge zu machen, die ich bis dahin nicht kannte. So habe ich ihm die eigenen Fantasien erfüllt. Und es hat tierisch Spaß gemacht. Da war ich 34.

Das heißt, du wurdest eigentlich dazu verführt?
Könnte man sagen. Aber ich hab schnell Feuer gefangen und eigene Fantasien entwickelt, die ich dann auch mit meinem Lover ausprobiert habe. Eine seiner Fantasien war es, noch einen dritten Mitspieler oder ein Pärchen dabeizuhaben. Das haben wir dann auch in Angriff genommen. Es war ein völlig unerfahrener Typ, der gerne devot sein wollte. Und auch ein paar härtere Praktiken ausprobieren als bisher mit seinem Partner.

Aber bis dahin haben du und dein Lover erst mal in trauter Zweisamkeit experimentiert?
Ja. Eigentlich kann ich schon sagen, dass mein Lover damals mein Lehrer war. Er hat mich angeleitet. Nach und nach haben wir alles Mögliche ausprobiert. Als dann der Dritte dazukam, war ich erst mal ein bisschen überfordert. Jetzt hatte ich plötzlich zwei devote Kerle, denen ich sagen sollte, was sie tun sollen. Aber es lief ganz gut. Jedenfalls war der Partner des Neulings begeistert, was dann so abging.

Wie? Der kam dazu?
Ja, noch in derselben Session. Wir beide, mein Lover und ich, hatten unseren devoten Mitspieler inzwischen ganz gut angefixt. Als dann ein paar Stunden später sein Partner dazukam – das hatten wir so verabredet –, war der ganz schön erstaunt, wie sich sein Lover so schnell entwickelt hatte.

Der andere war dann auch ein Dom?
Ja, aber ziemlich unerfahren. Für den war es ein Schlüsselerlebnis,

sich von zwei Kerlen auf einmal verwöhnen zu lassen. Und denen habe ich gesagt, was sie bei ihm machen sollen.

Eifersucht darf wohl keine Rolle spielen?
Es ist mehr so die Sorge, dass du deinen Sub wieder heil zurückbekommst, vor allem, wenn er ohne dich mit einem anderen Dom zusammen war. Darum ist mir wichtig, dass ich immer in der Nähe bin oder jedenfalls abrufbar. Manchmal warte ich in einer Kneipe um die Ecke, und falls was ist oder ich keine Nachricht zum verabredeten Zeitpunkt bekomme, kann ich schnell mal nachsehen.

»Beim Verhör finde ich raus, ob ich mit dem Sub arbeiten kann.«

Dann lässt du die Leine ziemlich locker.
Mein Sub hatte eben die Fantasie, dass ich ihn wie ein Zuhälter auch mal anderen Kerlen zur Verfügung stelle. Mein jetziger Lover ist genauso. Für mich ist das kein Problem, im Gegenteil, es macht mich geil. Aber ich bestehe absolut darauf, dass Vereinbarungen eingehalten werden. Das geht von Zwischenmeldungen bis zu Praktiken, die dann auf dem Zettel stehen dürfen oder eben nicht.

Wie lernt ihr die Leute kennen?
Das Pärchen, das ich am Anfang meiner Laufbahn als Dom kennengelernt hatte, war ziemlich umtriebig. Die beiden haben mich und meinen damaligen Sub mehr oder weniger in einschlägige Kreise eingeführt.

Also SM-Clubs oder Treffen in bestimmten Locations?
Nein, meistens war das bei irgendwelchen Typen zu Hause, wo sich mehrere Gleichgesinnte getroffen haben. Aber ehrlich gesagt war das nie so mein Ding. Es kann zu schnell zu Spannungen kommen, egal wie locker man sein will. Mir sind Sessions zu zweit lieber.

Wo lernst du deine Subs kennen?
In speziellen Chatrooms. Da werden die ersten Fantasien ausgetauscht. Man merkt schnell, ob das passt oder nicht.

Und dann verabredet ihr euch. Was passiert bei so einem ersten Treffen? Gibt es gleich Sex?
In der Regel ja. Aber meistens ist der Sub schon durch das Verhör so fertig, dass erst mal nicht viel mehr drin ist.

»Verhör«?
Ja, ich nenne das so. Eine Art Musterung. Ich muss ja wissen, dass ich mit dem Sub arbeiten kann. Der Sub muss sich nackt ausziehen und wird von mir fixiert. Ich habe einen Durchgang in meiner Wohnung,

in dem ich ihn mit gespreizten Armen und Beinen anketten kann. Er steht also völlig nackt im Raum, von allen Seiten zugänglich. Scham gibt es nicht, keine Verdeckung von irgendwelchen körperlichen Pseudomakeln, keine Peinlichkeiten. Dann frage ich ihn aus. Er muss alle Fragen beantworten, denn schließlich müssen ehrliche Daten vorliegen, mit denen ich arbeiten kann. Allergien, Kreislauf, Fitness, Krankheitsgeschichte, Familienbeziehungen, Probleme mit Exfreunden, genauer Lebensablauf. Fragen über Vergangenheit, Praktiken und Erfahrungen, um zu wissen, was geht und wie belastbar der Kerl ist.

Testest du das gleich an?

Absolut. Die Antworten lassen darauf schließen, welche Türen offen sind, lassen erwarten, dass ich das Objekt in meine Richtung formen kann. Aber bestimmte Schlüsselreize müssen natürlich übereinstimmen. Ich muss spüren, dass die Erregung bei bestimmten Themen echt ist, nicht gespielt, weil er denkt, das wird von ihm erwartet. Wenn der Vorsaft tropft, weiß ich, dass wir auf dem richtigen Weg sind.

»Ich muss spüren, dass die Erregung echt ist.«

Dieses intime Verhör verlangt ganz schön viel Vertrauen.

Ja, aber das verlange ich auch. Wir haben ja schon eine Phase des Kennenlernens im Chat gehabt. Ich gehe davon aus, dass eine Vertrauensperson des Subs meine Daten kennt. Ich rate dem Sub sogar, dass er beim ersten Mal einem Freund oder Bekannten sagt, bei wem er ist und wo das ist.

Einfach, um sich sicher zu fühlen.

Genau.

Zeichnest du das Verhör auf? Sozusagen als Beweis?

Ja, die Kamera läuft mit. Das weiß der Sub und bekommt auch eine Kopie.

Um sich abzusichern, falls doch mal was passiert?
Nein, eigentlich mehr als Dokument. Es ist schon toll zu sehen, wie sich eine Verwandlung einstellt. Mein jetziger Sub hat sich nach den ersten paar Sessions total zum Positiven gewandelt. Aussehen, Haltung, der ganze Kerl ist viel selbstbewusster, und das kommt auch rüber. Weil er sich endlich mal ausleben kann. Und ich ihm das Gefühl gebe, dass das, was er macht, völlig normal ist, oder gut. Nicht abartig oder pervers oder schlecht. Mit dem Video lässt sich später diese Wandlung prima dokumentieren.

Diese Wandlung, bloß weil du dem Sub die Absolution erteilst, dass alles, was ihr so macht, gut ist?
Das ist enorm wichtig. Besonders für Männer, die in ihrem Umfeld nur Leute kennen, die auf »normalen« Sex stehen, sich aber gerne mal als Sub ausleben möchten. Da braucht es jemanden, der einem sagt: Alles in Ordnung mit dir.

Das Selbstbewusstsein ist also wichtig für dich.
Ja, darum ist dieses erste Verhör auch so wichtig. Ist er der Richtige für meine Fantasien? Das und das mag er ... Das muss ich wissen, damit ich einen klaren Plan entwickeln kann, wie es weitergeht.

Wie geht es weiter?
Im Grunde geht es darum, ihn freiwillig dazu zu bringen, meinen Gelüsten zu entsprechen. Durch Antesten wird ein Fundament gelegt für das weitere Vorgehen, die nächste Session. Mit der Gerte probiere ich zum Beispiel aus, ob er tatsächlich Maso ist. Schon wenn ich nur leicht über den Körper streiche, merke ich, was los ist.

»Mein Partner muss in mein Kopfkino einsteigen.«

Reicht schon Kopfkino oder die Androhung von einem Schlag aus, um ihn geil zu machen und den Vorsaft zum Fließen zu bringen, oder ist richtiger Schmerz nötig? Mein Partner muss in mein Kopfkino einsteigen. Ich will ihn dazu bringen, dass er freiwillig pariert, er muss selbst so scharf werden, dass er gar nicht anders kann, als meine Wünsche zu erfüllen. Ich bringe ihn an Grenzen, bringe ihn dazu, die Grenzen zu überschreiten. Ich stachle ihn an, Sachen zu machen, an die er noch gar nicht gedacht hat.

Wie geht das mit dem Kopfkino bei dir?
Ich stelle mir zum Beispiel montags etwas ganz Bestimmtes vor. Und während der Session am Freitag habe ich meinen Sub an genau dem Punkt, und es fehlt nur noch ein kleiner Stupser, und dann ist er wieder einen Schritt weiter. Geil. Der Sub entdeckt sich neu und bringt das mit mir in Verbindung. Das ist doch schön. Und ich merke, dass bei ihm das Kopfkino funktioniert, wenn schon Worte, Gesten und Blicke reichen, um ihn zu erregen.

Also abrufbare Geilheit?
Es ist mehr ein Gestatten. Was praktiziert wird, muss als gut empfunden werden, also normal. Er soll dazu stehen, weil er das bekommt, was er will: nämlich tatsächlich Sub sein, nicht nur spielen. Ich sage immer zu ihm: Wenn du nach der Session allein im Bett liegst, musst du dich beim Gedanken an das, was passiert ist, wohlfühlen.

Du verlangst also keine Sachen, die der Sub nicht mag.
Dazu gibt es ja das Verhör am Anfang. Und auch zwischendurch immer wieder Abgleich und Aussprachen. Aber das muss eben alles ehrlich sein. Wann ich nach einem Jahr irgendwas höre wie: »Da hab ich eigentlich noch nie drauf gestanden«, sage ich dann nur: dein Problem.

Und ab wann wird es eine Beziehung?
Der Sub muss mich inspirieren. Wenn ich anfange, Szenarien mit ihm im Kopf abzuspielen, hat er es geschafft, mein Interesse zu wecken.

Ohne Kopfkino geht gar nichts.
Haha, ohne Kopfkino geht gar nichts.

DIE SPIELARTEN

Von Bondage bis Tittentrimm

Ähnlich wie die Zutaten der Lust beim SM, die zu Anfang beschrieben wurden, sind auch die Abläufe bei einer Session keine gänzlich unbekannten. Nur die etwas intensivere und »verkopftere« Ausführung unterscheidet diese Varianten vom sogenannten Blümchensex. Obwohl alles Spaß machen soll, ist ein gewisser Ernst Voraussetzung dafür, dass die gemeinsame Reise zu einem Höhenflug wird. Der Wille mitzuspielen muss einfach grundsätzlich da sein. Dann verspreche ich Spiel, Spaß – und Spannung!

▼ Rollenspiele

Rollenspiele sind uns allen bestens bekannt. Ist alles reine Definitionssache: Ob du es z.B. schon als Rollenspiel siehst, wenn du oder dein Partner aktiv oder passiv seid, ist eine Frage des Blickwinkels. Theoretisch betrachtet, also von den körperlichen Voraussetzungen her, können zwei Männer beim Sex bei jeder Spielart jede Rolle einnehmen, d.h. alles gegenseitig miteinander anstellen. Schließlich hat jeder von uns einen Schwanz und zwei fickbare Löcher. Liegt aber eine klare Zuteilung der jeweiligen Rolle vor, wäre schon das ein Rollenspiel. Mehr Spaß macht das, wenn die Rollen bewusster gewählt sind und auch während der Nummer voll ausgespielt werden – beim SM das A und O. Das Mindeste ist eine Verteilung der Positionen von Sub und Dom. Ob dann noch Fantasien wie Militär (Offizier und Untergebener), Sex gegen Bezahlung (Stricher und Freier), Kliniksex (Arzt und Patient) oder Ähnliches dazukommen, lässt sich herrlich frei wählen. Dann gehört natürlich die Wahl entsprechender Kostüme und Requisiten im Vorfeld dazu.

Typisch für Rollenspiele beim SM ist das Machtgefälle, das zwischen den Partnern besteht. Die Elemente Dominanz und Unterwerfung oder Handlungen aus dem Sado-Maso-Verhältnis lassen sich nur so richtig ausführen. Aber nimm dir Zeit. Man braucht eine Weile, bis man den Alltag hinter sich gelassen und in die jeweilige Rolle hineingefunden hat. Selbst wenn du dich im Vorfeld mental auf die Session und deine Rolle eingestimmt hast – das ist zu empfehlen, und die Vorfreude ist ein Teil des Lustgewinns –, kommen beim Aufeinandertreffen mit dem Partner immer auch dessen Befindlichkeiten dazu. Rituale helfen dabei, sich entspannter auf das Szenario einzulassen. In die Knie gehen, wenn es an der Tür klingelt, das Verbinden der Augen, Kommandos oder einleitende Sätze, die die Stimmung für das jeweilige Spiel fördern, oder so was in der Art.

Rollenspiele leben von der Inszenierung und dürfen gerne auch mal – im Vergleich zum realen Leben – deutlich überzogen sein. Der Offizier kann also ruhig strenger sein als der durchschnittliche Vorgesetzte, der Freier fordernder, der Arzt bestimmender als im üblichen Rahmen. Vor allzu theatralischer Übertreibung sei natürlich gewarnt, weil es dadurch zu Lachanfällen oder anderen Irritationen kommen kann. Im schlimmsten Fall sogar zur Weigerung mitzuspielen.

Du musst kein Schauspieler sein, um deine Rolle auszufüllen.

Aber du musst kein Schauspieler sein, um deine Rolle auszufüllen. Szenische Texte sind selten gefragt, darum entfällt das Auswendiglernen von ganzen Passagen aus entsprechenden Vorlagen. Ansonsten kennen wir alle ein paar Handgriffe und Beispielsätze aus den üblichen Bereichen – zumindest durch Bücher oder Filme, weil ja nicht jeder beim Militär war oder sich schon mal einen Stricher bestellt hat.

Nach und nach gelingt es dir hoffentlich, dich wie selbstverständlich in deiner Rolle zu bewegen. Als Dom fühlst du dich langsam sicherer, wenn dein Sub sich richtig verhält oder wenigstens ansatzweise den Erwartungen entspricht. Als Sub kannst du dich immer mehr gehen lassen, dein Verhalten immer mehr der Rolle anpassen, wenn der Dom die richtigen Signale aussendet. Dann steht stundenlangem Rollenspielspaß nichts mehr im Weg.

Normalerweise sind die Rollen festgelegt und werden für die Dauer einer Session nicht gewechselt, aber wenn du und dein Partner das schafft, kann von einer Session zur nächsten – oder auch einfach mal während der aufregenden Spielchen – geswitcht werden. Dann seid ihr vielleicht nicht mehr Offizier und Rekrut, sondern plötzlich zwei Bauarbeiter – vielleicht Meister und Lehrling –, die sich an die Wäsche gehen.

Werden euch Kostüm und Rolle zu viel, spielt einfach so weiter.

Irgendwann werden euch Kostüm und Rolle vielleicht zu viel oder zu langweilig. Dann schmeißt Gehabe und Gewand über Bord und spielt einfach so weiter. In der Zwischenzeit müsste der Funke übergesprungen sein, darum klappen die Mechanismen sicher auch ohne Firlefanz.

▼ Die beliebtesten Rollenspiele – eine Auswahl

▶ Militär

Das Rollenspiel in Uniform gibt's natürlich auch als Variante »unter Kameraden«, also unter Gleichgestellten. Um das Ganze in Richtung SM zu lenken, muss ein Machtgefälle her. Nichts einfacher als das bei dem Thema! Denn ein Vorgesetzter mit übergeordnetem Dienstgrad kann sich so ziemlich alles erlauben. Passende Kleidung gibt's schon für kleines Geld im Military-Shop. Möglichst nüchterne Räume oder ein Freigelände sorgen für die richtige Atmosphäre, aber mit etwas Vorstellungskraft klappt das auch im Schlafzimmer mit Barockmöbeln oder Ikea-Schick. Notfalls hilft ein Tarnnetz, die schlimmsten Stimmungstöter – Was sucht der mehrstöckige Kratzbaum für die Kätzchen in einer Kaserne? – kurzfristig zu kaschieren. Dann kann's losgehen: die Musterung eines »Frischlings« mit Befragung, Vermessen und Wiegen. Natürlich wird auch die Rosette genau begutachtet, nackt mit Vornüberbeugen und einmal Husten. Aber auch Leistungsprüfungen wie Liegestütze oder Hindernislauf gehören dazu. Die körperliche Ertüchtigung darf selbstverständlich gerne im Freien, sprich: im Dreck, erfolgen. Etwas Erniedrigung gefällig? Beim Militär durchaus üblich. Also ran an die Stiefel des Offiziers und ordentlich sauber lecken! Kopfrasur ist nicht nur ein probates Mittel, um Läusen vorzubeugen, sondern kurz geschorenes Haar passt auch gut zum Thema. Darum darf der Haarschneider gerne parat liegen. Züchtigungen und Bestrafungen aller Art können jederzeit erfolgen. Was? Nach zwanzig Liegestützen schon schlappgemacht? Der untergebene Versager darf ruhig richtig darum betteln, für sein jeweiliges Vergehen bestraft zu werden, damit seine Ehre wiederhergestellt ist. Und die Befehle können zwischendurch mit Derbheiten garniert werden, denn Beschimpfungen gehören zum Alltag der armen Rekruten.

Kleidung und Accessoires: Stiefel sind zumindest für den Vorgesetzten Pflicht. Der Rekrut kann notfalls auch mal im Sportanzug antanzen, wenn Sport ein Thema im Rahmen des Spiels ist. Ansonsten gilt: Je mehr authentische Uniformteile, desto besser. Uniformhosen sollten es schon sein, dazu mindestens Lederkoppel und Unterhemd, wenn's geht auch eine Dienstmarke. Als Kopfbedeckung kann von Schiffchen über Dienstmütze bis Stahlhelm alles her, was nach Armee riecht. Weil sich beim Koppel, dem traditionellen Gürtel, die Schnalle leicht abmachen lässt, eignet es sich bestens als Accessoire zum Fixieren oder Schlagen. Letzteres kann auch mittels Schlagstock in die Rolle eingebracht werden.

▶ Beim Arzt

Oberkörper frei machen, das ist das Mindeste, was der Besuch beim Onkel Doktor verlangt. Je nach vorhandenen Requisiten ist von Blutdruckmessung bis zu urologischer Untersuchung im Gynäkologenstuhl eine Unzahl von ungefährlichen Prozeduren möglich, bei denen der Arzt den Patienten traktieren kann. Das Abtasten von Körperpartien ist die harmlose Variante, ein Spekulum im Arsch für eine eingehende Untersuchung des Sub-Lochs schon eindeutig invasiver. Einlauf, Urinabgabe, Spermaprobe, Reflexkontrolle, Reizüberprüfung mittels Nadelrad, das Einführen eines Endoskops – das

Repertoire lässt sich mühelos erweitern. Das Machtgefälle ist klar vorgegeben, denn der Patient befolgt natürlich gehorsam, was der Halbgott in Weiß anordnet, und lässt sich widerspruchslos befummeln, selbst an den intimsten Stellen. Insgesamt scheint sich das Thema aber nur für Männer anzubieten, die im wirklichen Leben nicht allzu oft und ernsthaft damit zu tun hatten, jedenfalls als Patient. Eine tatsächliche, vielleicht unerfreuliche Krankengeschichte sollte vor Beginn bekannt sein, damit nicht plötzlich die Lust am Spiel ins Gegenteil kippt.

Kleidung und Accessoires: Arztkittel mit Stethoskop und Einweghandschuhe sind die Grundausstattung für das Spiel. Der Patient kann in Freizeitkleidung kommen oder eins dieser berüchtigten Krankenhausmäntelchen anziehen, die hinten offen sind. Nadelrad, medizinische Klemmen, Dilatatoren, Einlauf-Utensilien, Spekula, Hämmerchen für die Reflexprüfung, Wattestäbchen sowie wärmende oder kühlende Gels und Salben können preiswert für Untersuchungen erworben werden. Rasuren an den entsprechenden Stellen müssen eventuell ins Auge gefasst werden, daher schadet auch die Bereitstellung von Rasierzeug nicht. Auch die Krankenakte mit Klemmbrett darf natürlich nicht fehlen.

Bei diesem Rollenspiel gibt es nach oben finanziell keine Grenze. Eine Untersuchungsliege oder ein gynäkologischer Stuhl kosten neu gekauft richtig Geld, sind aber als Second-Hand-Ware erstaunlich günstig.

▶ Tierdressur

Der erwünschte bedingungslose Gehorsam, den ein Hund seinem Herrchen entgegenbringt (oder bringen soll), ist Vorlage für dieses Rollenspiel. Führen an der Leine und das Befolgen von Befehlen wie »Sitz!« und »Platz!«, das klappt sicher auch ohne große Erfahrung mit den tierischen Vorbildern. Stöckchen holen, Beinchen heben, Fressen aus dem Napf, Pfötchen geben und vieles mehr auch. Bestrafung und Belohnung sind das Prinzip einer erfolgreichen Dressur, das ist natürlich klar. Darum sind für die richtige Erziehung auch schwierigere

Übungen nötig und verlangen einen gewissen Einfallsreichtum. Mit dem menschlichen Hund dürfen natürlich auch sexuelle Übungen erfolgen, doch dabei stößt der dressierte Vierbeiner sicher schnell an Grenzen. Jedenfalls aus der – eindeutig subjektiven – Sicht des Herrchens. So ein Hund versteht eben nicht immer gleich, worum es geht, auch wenn man es ihm drei-, viermal sagt. Und dann kann er entsprechend bestraft werden, wenn was nicht so schnell klappt, aber auch ausgiebig belohnt, wenn Herrchen nach einigen Anläufen zufrieden ist. Da kann sich der Dom so richtig überlegen fühlen. Auch in den Unterhaltungen zeichnet sich das Machtgefälle deutlich ab, denn endlich widerspricht dem Herrn keiner mehr bei seinen Selbstgesprächen. Oder war dieses »Wuff!« ein Einwand? Dann aber her mit der Gerte!

Kleidung und Accessoires: Kaum zu glauben, wie präsent Hundemasken aus Leder oder Gummi und Dildos, die in einem Hundeschwanz enden, inzwischen in Sexshops sind. Passende Pfötchen für Hände und Füße gibt's auch. Als Grundausstattung reicht aber das obliga-

torische Halsband. Eine besondere Variante sind die sogenannten *Furries* (vom engl. *furry* – pelzartig, mit Pelz bekleidet). Ursprünglich aus dem Fantasy- und Comicbereich entstanden, mit Werwölfen, Goofy und Co. als Vorbild, kleiden sich die Fans dieser Bewegung in pelzige Kostüme, die eben oft auch an Hunde erinnern. Dass in diesen Kostümen auch Sex praktiziert wird, zeigt sich in zahlreichen Videoclips im Internet. Das ist aber doch eher eine Randerscheinung und sieht manchmal lustig aus, fast wie ein versauter Comic im Stil von Robert Crumb.

War dieses »Wuff!« ein Einwand? Dann her mit der Gerte!

Polizeiwache und Knast

Ein Knasti wird verhört oder von Mitgefangenen gequält, ein Verdächtiger oder ein kleiner Stricher auf der Wache in die Zwickmühle genommen. Die Rollenzuteilung ist schnell geklärt. Mit Handschellen gefesselt oder auf einen Stuhl gebunden muss der Straftäter erniedrigende Fragen beantworten. Hat er wirklich Schwänze gelutscht? Das muss geahndet werden!

Oder die hilflose Lage des armen Kerls wird ausgenutzt, indem man ihn zum Sex zwingt. Vergewaltigungsszenen – *Rape Games* genannt – können in diesem Rahmen schon mal ausgespielt werden. Solange es beiden Parteien Spaß macht!

Vielleicht will sich der Verhaftete ja auch freikaufen, indem er seinen Körper anbietet und seine Blaskünste anpreist. Ganz schön gerissen, die kleine Schlampe! Den pflichtbewussten Beamten verführen wollen – das muss bestraft werden!

Bestrafung oder auch Folter wie bei einem Verhör, mit dem man im echten Leben nichts zu tun haben will, können in diesem Szenario schnell Thema werden, denn schließlich geht es auch um Körperlichkeit. Am besten eignet sich als Rahmen natürlich ein möglichst nüchterner Raum. Wer keine Möglichkeit hat, eine Gefängniszelle oder einen karg möblierten Verhörraum mit entsprechend kühler

Lichtquelle im Keller herzurichten, muss eben im Wohnzimmer einen unbequemen Holzstuhl oder etwas anderes in der Richtung bereitstellen – und den grellen Schein der Designerleuchte direkt ins Gesicht des Verdächtigen richten. Den Rest besorgen Text und Handlung.

Kleidung und Accessoires: Wenn keine Polizeiuniform griffbereit liegt, tun's auch Hemd und Anzug als typische Ausstattung von Kriminalbeamten oder Agenten im Dienst. Falls die Handlung im Knast ablaufen soll, ist der Jogginganzug die Alternative zur grauen Sträflingskluft. Fußschellen wären schick, Handschellen sind beinahe Pflicht. Die erwähnte grelle Lampe darf ebenfalls nicht fehlen. Polizeiknüppel und andere Fesselmaterialien passen gut ins Spiel, genau wie Augenbinde und Knebel. Dem Verhörten wird vielleicht hart zugesetzt, und weder sollen seine Schreie die ganze Belegschaft auf den Plan rufen, noch soll er später sagen können, wer ihn traktiert hat.

Ohne Kostüm und Maske. Allein durch vorher festgelegte Situationen, denen entsprechend sich beide Partner verhalten müssen, kann eine Rolle mit ins Spiel kommen. Die Erfüllung der eigenen Wünsche anzuordnen bzw. zu erbitten, gehört dazu. Für diese Einsteiger-Stufe eignen sich z.B. die Varianten »Voyeur und Exhibitionist« oder »Freier und Stricher« besonders.
Die Klamotten sind mit dabei, stehen aber nicht im Zentrum des Geschehens. Lederkerl, Soldat oder Polizist sind zwar optisch präsent, aber werden als Rolle nur angedeutet, ohne eine dazu passende (oder passend hergerichtete) Location.
Kostüm und Gehabe stimmen mit der gewählten Rolle überein. Im Idealfall auch noch die Location. Jetzt muss gebührender Ernst gewahrt werden, sonst kommt nicht die richtige Stimmung auf, um den ganzen Aufwand auch auszukosten.

▼ Bondage (Fesselspiele)

Die einfachste Art, ein Machtgefälle herzustellen, ist es, den anderen vorübergehend wehrlos zu machen. Zum Beispiel indem du ihn fesselst. Weil es dabei ausreichend Abstufungen gibt – vom Fixieren der Hände bis hin zum künstlerisch verschnürten »Freischwinger« –, trifft Bondage auch den Geschmack von vielen ansonsten eher »braven« Sexpartnern. Und zwar nicht erst seit *Fifty Shades of Grey*. Besonders Handschellen erfreuen sich als Basis-Zubehör großer Beliebtheit und bieten einen guten Einstieg in das fesselnde Thema.

Bondage kann auch als dekorativer Körperschmuck genutzt werden (Zierbondage), ebenso für meditative Formen, z.B. beim *Shibari*-Bondage bzw. Japan-Bondage, bei dem der geistige Zustand des Subs eine größere Rolle spielt als der körperliche.

Beim SM geht es um die Fachbegriffe Zweck- und Folterbondage. Fixierungen und Einschränkungen der Bewegungsfreiheit dienen dem Zweck, den Sub in die richtige Position für das, was man vorhat, zu bringen. Wenn eine absichtlich unbequeme (bis schmerzhafte)

Haltung in Kauf genommen oder sogar angestrebt wird, geht das in Richtung Folter. Die ultimative Bewegungsunfähigkeit erreicht man mit Mumifizierung. Dabei werden einzelne Körperteile oder der ganze Körper eingewickelt, zum Beispiel mit Folie. Der Sub ist hilflos und den Aktionen des Doms völlig ausgeliefert. Dafür darf er das Gefühl genießen, völlig eingehüllt zu sein, was je nach verwendetem Material eine starke Wärmeentwicklung zur Folge haben kann. Genau wie bei der Verwendung von Knebel und Augenbinde kann es durch den Entzug von Sinneswahrnehmungen und das Abschotten von der Außenwelt – sensorische Deprivation genannt – zu heftigem Kopfkino kommen. Das kann von kleinen Gedankenblitzen über Halluzinationen bis hin zur Bewusstseinserweiterung oder totalen Entspannung gehen.

Insgesamt gibt es im Bondage sechs Kategorien, die die Bewegungsfreiheit unterschiedlich stark einschränken und teilweise einige Übung verlangen. Hier der Überblick:

- *Zusammenbinden von Körperteilen:* Einzelne Körperteile des Subs werden z.B. mit Handschellen oder Seilen aneinander fixiert.
- *Auseinanderspreizen von Körperteilen:* Die Gliedmaßen des Subs werden so fixiert, dass z.B. seine Arme dauerhaft vom Körper abgespreizt sind. Gängige Werkzeuge hierfür sind Spreizstangen, aber auch das berühmt-berüchtigte Andreaskreuz.
- *Festbinden an Gegenständen:* Hier wird die Bewegungsfreiheit des Subs noch deutlich mehr eingeschränkt, indem er z.B. am Bett, an einer Streckbank, einem Stuhl oder Tisch festgebunden wird.
- *Hängebondage:* Der Körper des Subs wird sicher verschnürt und teilweise (z.B. ein Bein) oder komplett an einer Aufhängung befestigt. Das kann sehr kunstvoll aussehen, erfordert aber auch viel Erfahrung.
- *Bewegungseinschränkung:* Der Sub kann bei dieser Form bestimmte Abläufe nicht mehr selbst ausführen, da z.B. seine Arme durch eine Zwangsjacke fixiert werden.
- *Mumifizierung:* Einzelne Körperteile oder gleich der ganze Körper des Subs werden eingepackt bzw. eingewickelt, bspw. mit Stoff, Klebeband oder Frischhaltefolie. Dafür gibt es auch ausgefallenere Hilfsmittel, wie z.B. den Fesselsack oder das Vakuumbett, die wir später noch kennenlernen.

Als Partner, der die Fesseln anlegt, kannst du bestimmen, welche Handlungen möglich bleiben. Das solltest du dir vorher gut überlegen, denn je kunstvoller und langwieriger die Fesselung gerät, desto ärgerlicher ist es, wenn sich dann herausstellt, dass du gar nicht mehr da rankommst, wo du eigentlich ranwillst. Die Light-Variante mit abschnallbaren Hand- und Fußgurten, die mittels Ösen an dem ganzen Wirrwarr von Schnüren und Seilen befestigt sind, bewahrt dich vor allzu komplizierten Entfesselungen. Das erweist sich nicht nur beim gewünschten Stellungswechsel als hilfreich, sondern auch wenn dein Partner schlappmacht oder gar zusammensackt. Zumindest die Befreiung geht dann einigermaßen schnell vonstatten. Hinlegen, Beine hoch – nein, nicht so hoch! Gefickt wird jetzt nicht! –, frische Luft, Wasser und sonstige Maßnahmen helfen dem Kreislauf hoffentlich wieder auf die

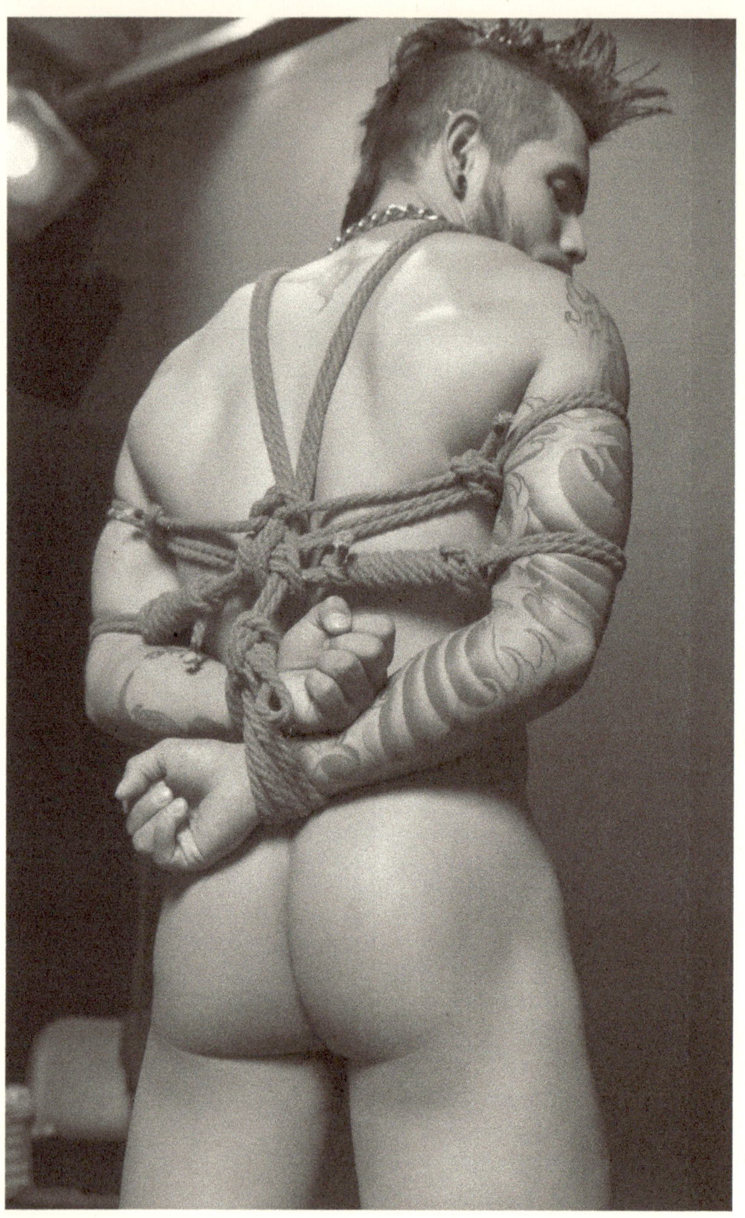

Sprünge. Mehr dazu im Kapitel »Hilfe bei kleineren und größeren Katastrophen«.

Wir gehen lieber mal von der normalen Situation aus, in der der fesselnde Sex Lust bringt. Vielleicht magst du es, wenn der Partner dir zusieht, während du ihn fesselst. Zeig ihm, welche Utensilien du verwenden wirst, bevor du zur Tat schreitest. Ein Seil, eine Kette, etwas Klebeband ... Kündige an, was jetzt passieren wird (und vielleicht auch schon, was danach). Die Fixierung zu zelebrieren kann unheimlich erregend sein. Vor allem wenn du dein Handwerk beherrschst und die Materialien tauglich sind.

Wenn du noch etwas unsicher bist oder es vielleicht einfach geiler findest, kannst du dem Partner natürlich die Augen verbinden. Optional darf auch ein Knebel eingesetzt werden. Jetzt sind akustische und haptische Signale das Höchstmaß an Kommunikation. Seile schwirren in der Luft, wenn man sie dazu bringt (Vorsicht, der Kronleuchter!). Ein klatschendes Geräusch beim Schlag auf den Ledersessel verkündet dem hellhörigen Opfer vielleicht, welches Spielzeug als nächstes kommt (Achtung, die Kristallschale auf dem Beistelltisch!). Ketten rasseln lassen oder dem Klebeband sein signifikantes »Ritsch-Ratsch« entlocken erfüllt denselben Zweck. Nächster Schritt: Fühlen lassen! Berühre mit dem Seil ganz sachte die Haut deines Subs. Ketten müssen nicht immer kalt sein: Außer Körnerkissen können auch andere Sachen im Backofen angenehm erwärmt werden (Achtung, Metall wird schnell heiß). Solche Überraschungen können für den erwartungsvollen Partner, der mit geschärften Sinnen auf erregende neue Reize hofft, ein Geschenk sein. Allerdings kann auch schnell Panik entstehen, wenn du übertreibst, also bitte immer mit viel Einfühlungsvermögen vorgehen. Das Klebeband am besten vorsichtig an ein paar Hautstellen antesten. Dann kannst du es an die Stelle führen, die für die Fixierung vorgesehen ist. Obacht: Vorm Griff zum gewählten Mittel muss diese Stelle bereits feststehen, das heißt ein Plan bestehen – zumindest vage. Denn wenn du das angekündigte Spielzeug plötzlich wieder weglegst, kommt Enttäuschung auf. Damit lässt sich natürlich auch wieder spielen, aber die Dosierung muss stimmen, um den Sub nicht allzu sehr zu frustrieren.

Außer dem Kick, den der Gedanke an ein – zumindest teilweise, im Extremfall komplett -wehrloses, gefesseltes Fickstück den echten Spezialisten bringen kann, ist der Sinn und Zweck von Bondage ein anderer: Die Fixierung ermöglicht dir freien Zugriff auf die Körperstellen und -teile, die dir wichtig sind. Im besten Fall präsentieren sie sich durch die Art der Fixierung auch noch besonders auffällig. Verständnisvolle Partner lassen dich gerne mal ein bisschen herumexperimentieren. Schaffst du es, die Arschbacken durch die Fesse-

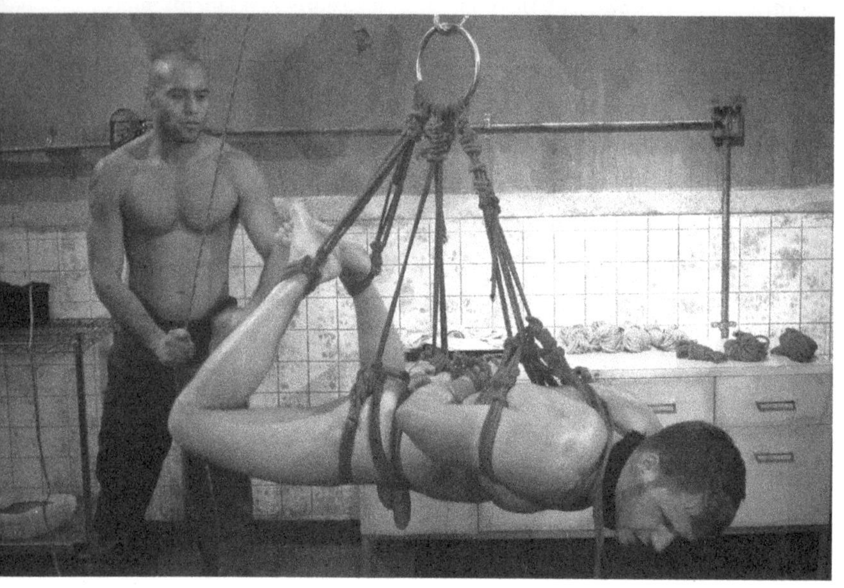

lung so zu spreizen, dass das puckernde Loch sich zeigt? Könnte dir das gefallen? Ausprobieren!

Um den Einstieg ins Thema Bondage einfacher zu machen, solltest du für jede Fesselung einen Zeitrahmen innerhalb der Session festlegen. Der kann sekundengenau bemessen sein oder ungefähr befolgt werden. Die Limits dürfen gerne angekündigt werden: »Du bleibst jetzt zehn Minuten ganz ruhig so hängen!« Oder lässiger: »Ich lass dich mal für etwa 'ne Viertelstunde in der Stellung.« Der Partner kann sich auf die Spanne einstellen, einschätzen, ob er das aushält, und die innerliche Haltung dafür finden. Nach Ablauf der

Zeit kannst du überprüfen, ob alles in Ordnung ist. Abgeschnürte Körperteile werden schnell kalt, was nach und nach zu Taubheitsgefühlen führen kann, darum ist Aufmerksamkeit geboten. Und zehn Minuten können lang sein, wenn die Position oder die Verschnürung unangenehm ist, aber vielleicht gerade noch erträglich. Dann wird der Wechsel herbeigesehnt und ist vielleicht auch angebracht. Auf zur nächsten Verstrickung!

Wenn du in der Rolle des Passiven bist, musst du dich vor allem in Geduld üben. So ein Fesselungsvorgang kann lange dauern oder gelegentlich missglücken, sodass er korrigiert werden muss. Deine Mitarbeit ist gefragt, also gib sofort ein Zeichen, falls es irgendwo zu sehr klemmt. Das erspart euch Zeit und Ärger. Bei einer komplizierten Web- oder Klebarbeit, während deren Anbringung du nur herumsitzt, -liegst, -stehst oder -hängst, hilft dir vielleicht der Gedanke an das Ziel zur Überbrückung. Überlass deinen Körper dem Partner. Dein Geist kann die Erinnerung daran heraufbeschwören, wie es ist, wehrlos Schläge ertragen zu müssen. Wie die Schmerzen deinen Körper durchfluten. Oder wie es sich anfühlt, wenn du in diesem Zustand gefickt wirst. Die Spannung baut sich auf bei der Vorstellung, bald die Freiheit zu erleben, ohne Verantwortung und Schuldgefühle alles mit dir machen zu lassen. Du kannst dich ja schließlich nicht wehren!

So oder ähnlich könnte deine Motivation aussehen, den oft langwierigen Vorgang der Fixierung auf dich zu nehmen. Das Fesseln an sich kann sogar als eine Art Vorspiel zum erregenden Element werden. Auch das Warten auf den nächsten Schritt nach erfolgreicher Fesselung steigert die Erregung oft zusätzlich. Vielleicht hörst du das leise Klicken einer Kamera (der Klick-Ton beim Handy muss natürlich aktiviert sein!), weil dein Partner ein paar Fotos von seinem Kunstwerk macht. Vielleicht trinkt er erst mal was nach der anstrengenden Arbeit oder relaxt bei einer Zigarette. Dann gönn ihm die Pause. Das Spiel mit Nähe und Distanz ist ein spannender Teil beim Bondage-Sex. In den Pausen kannst du dich auf das Hier und Jetzt konzentrieren, indem du auf jedes Geräusch, jeden Luftzug achtest, der von dem anderen Kerl verursacht wird. Aber es verbietet dir auch niemand, still und heimlich ein bisschen Kopfkino laufen zu lassen, bis die Session wieder richtig in Fahrt ist.

Unbequeme Haltung, Fesseln, die dir Körperteile abschnüren oder die Haut einklemmen – bevor du Unbehagen oder Protest äußerst, solltest du noch mal kurz in dich hineinhorchen. Gut möglich, dass du dich mit etwas Willenskraft und Körperbeherrschung trotzdem entspannen kannst. Jede Korrektur kann den Ablauf stören, ein Abbruch die Spannungskurve zusammenfallen lassen. Wenn aber nichts hilft, vor allem wenn du merkst, dass Körperteile ernsthaft schmerzen oder taub werden, ist es deine Pflicht, dich bemerkbar zu machen. Dein Partner steckt nicht drin in deinem Körper – höchstens punktuell –, darum kann er nicht wissen, wo es grade zwickt und kneift, auch wenn er dir die Fesseln angelegt hat. Aus Verantwortung dir und ihm gegenüber musst du dafür sorgen, dass längere oder gar bleibende Schäden vermieden werden. Nur so kann die Lust voll ausgekostet werden.

Das Spiel mit Nähe und Distanz ist ein spannender Teil beim Bondage.

▶ Bondage-Grundregeln:

- Einen Kerl, den du gefesselt hast, darfst du auf gar keinen Fall allein lassen. Auch nicht für einen kurzen Moment und auch dann nicht, wenn noch andere Männer im Raum sind. Die wissen womöglich gar nicht, wie die Fesselung zu lösen ist.
- Bei Fesselungen im Stehen, besonders wenn die Arme nach oben gestreckt sind, kann es zu Kreislaufproblemen kommen. Männer mit niedrigem Blutdruck oder große Kerle neigen häufig dazu. Darum muss darauf geachtet werden, dass der Gefesselte nicht einfach umfallen kann. Sind Kreislaufprobleme schon von Anfang an zu befürchten, weil ihr darüber gesprochen habt, ist eine Fesselung im Liegen oder Sitzen besser, um dieses Problem von vornherein auszuschließen. Auch und ganz besonders bei Hängefesselungen mit dem Kopf nach unten kann der Kreislauf schnell absacken.
- Hände mit der Innenfläche zusammenbinden, nicht über Kreuz!

- Wenn die Fesselung fertig ist, mit dem Finger unter dem Seil durchfahren. Das sollte möglich sein. Und zwar indem das Seil vom Körper abgehoben, nicht noch zusätzlich gespannt wird, bis es auf der anderen Seite in die Haut einschneidet. So kannst du überprüfen, ob das Seil nicht zu fest sitzt.
- Auch bei weichen Seilen ist darauf zu achten, dass sie nicht zu schnell über die Haut gezogen werden. Bei schneller Reibung kann es zu Verbrennungen (Seilbrand) kommen.
- Empfindliche Stellen, an denen schnell durch unsachgemäße, also zu straffe Fesselung ein Taubheitsgefühl entstehen kann: Achselhöhlen, Innenarme, Handgelenk mit der Daumensehne, Leistenbeuge, Kniekehle, Achillessehne. Außer Blutgefäßen verlaufen in diesen Bereichen auch empfindliche Sehnen.

▶ Bondage-Kleidung und -Accessoires

Von nackt bis Vollgummianzug geht alles, normale Klamotten inbegriffen. Schließlich hat der gemeine Kriminelle, dem Handschellen angelegt werden, auch keinen Dresscode. Wenn's dann aber mehr wird als Augenbinde oder Füße zusammenbinden, kann Kleidung einerseits vor Reibung schützen, andererseits auch Druckstellen verursachen. Es lohnt sich also, vorm Beginn einer Verschnürung zu überlegen, wo die Seile sitzen sollen. Puristen können mit einfachen Seilen arbeiten, leichter tut man sich aber, wenn dazu noch Karabinerhaken und Hand- und Fußgurte benutzt werden.

Von nackt bis Vollgumianzug geht alles, normale Klamotten inbegriffen.

Seile kauft man am besten im Fachhandel, wo es »echte« Bondage-Seile gibt. Die Strippen aus dem Baumarkt enthalten vielleicht Chemikalien wie Farben oder Klebemittel und können Hautreizungen verursachen. Der Durchmesser sollte 6 mm bis 10 mm betragen, je nachdem, was das Seil aushalten soll. Für ein Hängebondage braucht man mindestens 8 mm. Generell gilt: Je dicker das Seil, desto weniger ziehen sich Knoten zusammen, aber umso weniger anschmiegsam ist es auch. Anfängern sei deshalb ein 8er-Seil empfohlen. 6er und später vielleicht auch 4er sind was für Fortgeschrittene.

▶ Kleine Materialkunde

Kunstfaserseile: Für Einsteiger am besten, zum Beispiel aus Nylon. Sofort einsatzfähig, weil schon geglättet und an den Enden versiegelt. Sollten sich einzelne Stellen aufdröseln, lässt sich das mit einem Feuerzeug vorsichtig wieder verschweißen.

Baumwollseile: Können ebenfalls sofort eingesetzt werden und sind anschmiegsamer als Kunststoffseile. Dafür ziehen sich die Knoten fester zusammen, was je nach Belastung das Lösen der Fesselung erschwert. Die Dinger sind so schmutzempfindlich wie ein T-Shirt, lassen sich aber auch ebenso gut waschen. Die Enden werden davor verknotet, sodass sich das Seil nicht in seine einzelnen Fasern auflöst, dann in einen Kissenbezug und ab in die Maschine.

Hanfseile: Weil die Seile viel Vorbehandlung verlangen – Auskochen, Spannen, Abflämmen und Ölen, wenn's geht mehrmals –, greifen nur echte Bondage-Liebhaber zu dieser Variante. Die Belohnung für die Mühe ist eine Mischung aus Wolkenweichheit und Zugfestigkeit zugleich. Sagt man zumindest.

Juteseile: Noch toller als Hanf schmiegt sich angeblich Jute an die Haut. Besonders die aus Japan. Dafür muss man aber auch mehr Geld investieren, denn im Vergleich zum Seil aus Kunstfaser ist der Meterpreis um ein Vielfaches höher, und die Vorarbeit ist dieselbe wie beim Hanfseil.

▶ Die richtige Seillänge

Zu lange Seile sind schwer zu handhaben. Daher ist es besser, mehrere kurze Stücke zu kaufen.

3 Meter: zur Fesselung von Händen oder Füßen.
6 Meter: zur Fesselung einer Hand oder eines Bein an Bett oder Stuhl.
8 Meter: für kompliziertere Fesselungen. Reicht das Seil nicht aus, wird einfach ein weiteres 8-Meter-Seil angeknotet.
10 Meter: für große Kerle oder Kerle mit viel Umfang. Oder für ein Schmuckbondage zum Tragen auf einer Sex-Party.

Als weiteres Zubehör empfehlen sich Karabinerhaken und Ösen mit Schraubverschluss. In die Wand oder den Türrahmen verschraubte Halterungen mit Ringen sind hilfreich, wenn keine anderen Befestigungspunkte in der Wohnung zu finden sind.

▸ Ein paar hilfreiche Knoten

Ankerstich (auch Doppelschlag): Ein einfacher Knoten, um ein Seil z.B. an einem Rohr oder einer Stange zu befestigen. Er lässt sich leicht knüpfen und lösen. Leg einfach eine Schlinge (1) um das Rohr, Tischbein etc., an dem du das Seil befestigen willst, schieb die beiden Seilenden von oben durch (2) – und fertig!

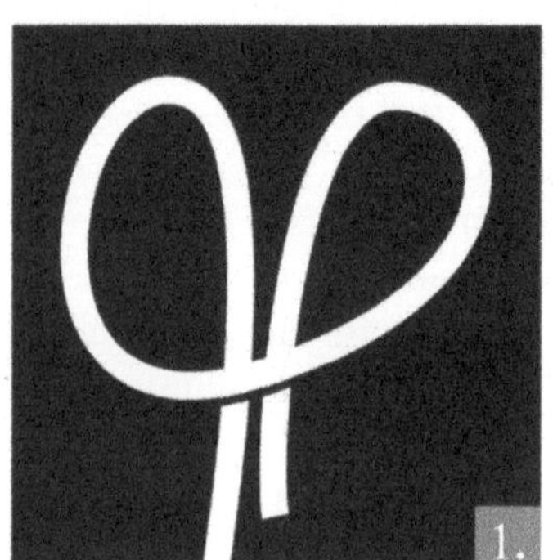

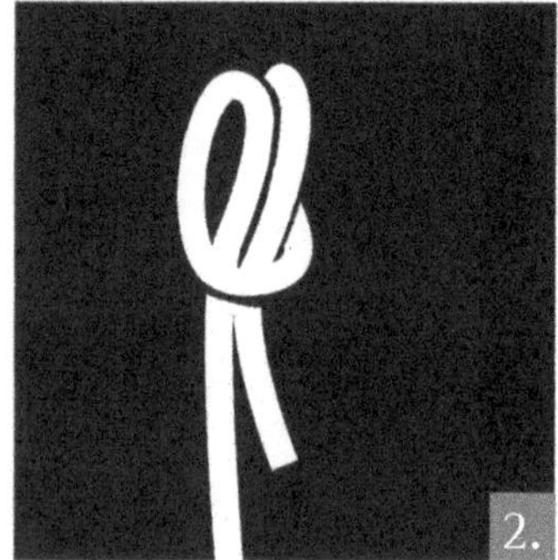

Weberknoten (auch Kreuz- oder Doppelknoten genannt): Mit diesem Knoten kannst du zwei Seilenden miteinander verbinden. Zwar ist er leicht zu lernen, aber nicht sicher bei größerer Belastung. Zur Fesselung von Händen oder Füßen reicht er aus, für Hängebondage nicht.

Leg mit den Seilenden einen halben Knoten (1) und darüber einen zweiten (2). Achte in jedem Fall darauf, dass sie entgegengesetzte Orientierung haben (3), d.h. du legst erst das rechte über das linke, danach das linke über das rechte Seil - oder genau umgekehrt. Ob du richtig geknotet hast, erkennst du daran, wenn die beiden losen Seilenden auf der gleichen Seite des Knotens liegen (4), nicht schräg gegenüber!

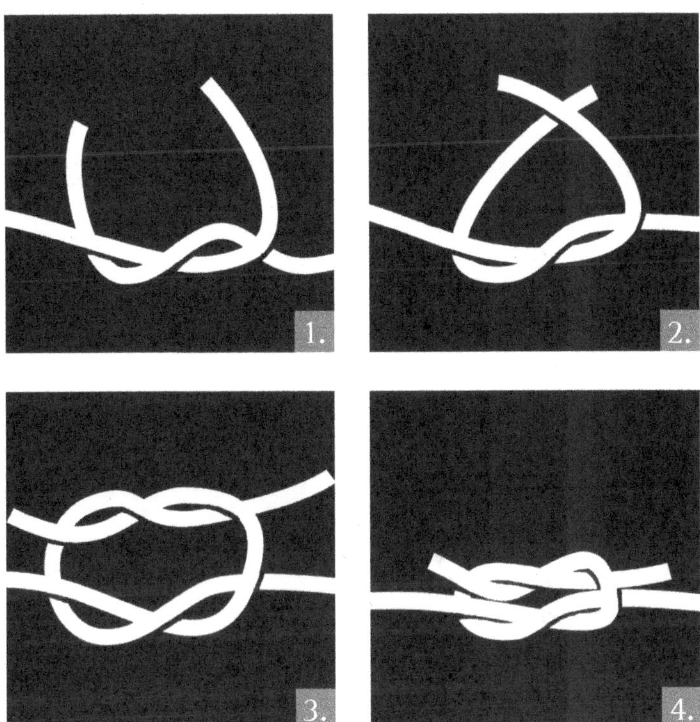

Achterknoten: Er ist sicherer, dafür aber auch ein wenig komplizierter als der Weberknoten. Zuerst legst du mit einem Seil eine sogenannte lose Endacht: Das Seil bildet eine Schlaufe (1) als erstes Auge der Acht; danach legst du um das Seil herum das zweite Auge der Acht (2) und führst das lose Ende wieder durch das erste Auge hindurch (3). Das Ergebnis sieht aus wie eine Acht (4), wenn du alles richtig gemacht hast. Ziehst du diese nun zu, erhältst du einen einfachen Achterknoten, der sich z.B. eignet, um zu verhindern, dass ein Seil irgendwo durchrutscht. Nimmst du jedoch – bevor du die lose Endacht zuziehst – ein zweites Seil und folgst damit dem ersten Seil vom Ende der Endacht bis zu ihrem Anfang, kannst du den Knoten zur sichereren Verbindung der beiden Seile nutzen.

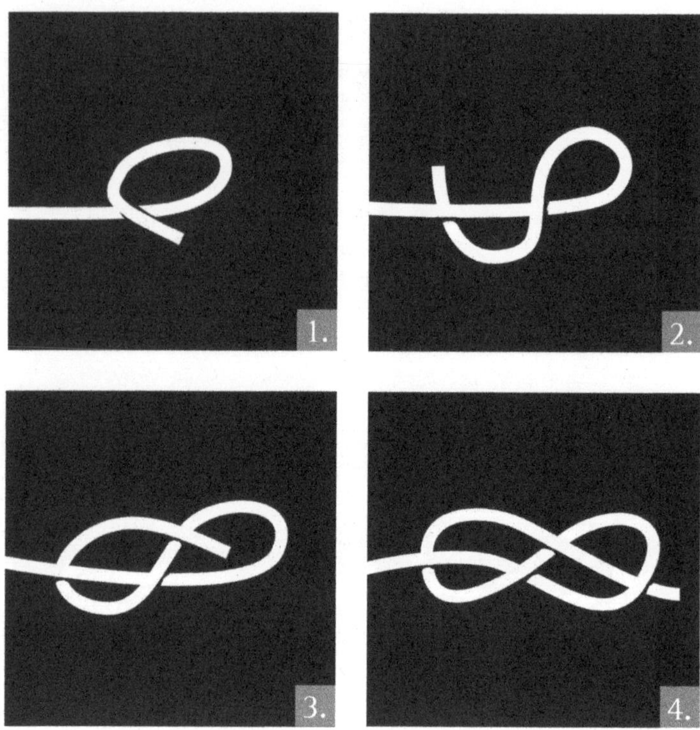

Roringstek: Diesen Knoten kannst du nutzen, um das Seil an einem Rohr (oder einer Stange oder einem Ring) zu befestigen, wenn der Ankerstich z.B. nicht verwendet werden kann. Wirf dazu einfach das Seil locker zweimal über das Rohr (1) und führe das lose Ende des Seils durch die unten entstandenen Schlaufen

(2). Für mehr Sicherheit kannst du mit zusätzlichen einfachen Knoten sorgen (4).

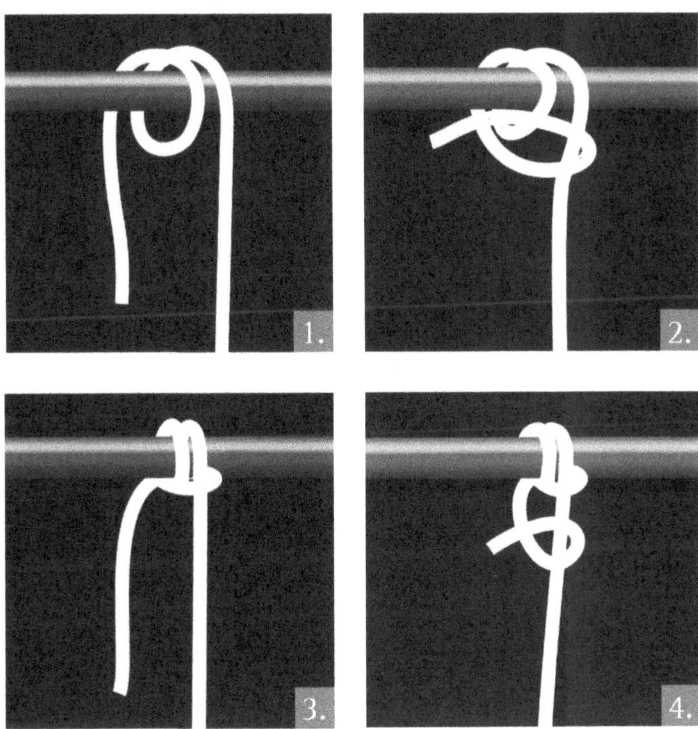

▶ Knotenbrecher

Bei Verwendung von weicheren Seilen (z.B. aus Baumwolle), kann es oft Probleme mit der Öffnung der Knoten geben. Besonders wenn die Fesselung über einen langen Zeitraum ging oder der Sub viel gestrampelt hat, zieht sich so ein Knoten gerne fest zu. Um das Öffnen zu erleichtern, können Knotenbrecher eingefügt werden. Dabei werden beispielsweise nach der ersten Stufe des Weberknotens kleine Stahlringe über die freien Enden gestülpt. Um den Knoten zu öffnen, zieht man dann in entgegengesetzter Richtung an den Ringen. Bei entsprechender Kraft in den Fingern können Knoten mithilfe von Knotenbrechern auch mit einer Hand geöffnet werden. Die Ringe sollten idealerweise zugeschweißt sein. Allerdings: Ist ein Knoten so fest, dass sich der Knotenbrecher eher verbiegt, als dass sich das Geflecht auflöst, gibt es nur noch die Gordische Lösung: Seile kappen!

▶ Anderes Bondage-Zubehör

Gliederketten: Sie eignen sich prima zur Fixierung, machen aber ganz schön Lärm, wenn's richtig zur Sache geht. Das kann geil sein oder aber die Nachbarn nerven. Abgesehen davon sind sie recht preiswert, unverwüstlich und mittels Karabinerhaken mühelos verstellbar.

Handschellen: Quasi der Klassiker unter den Fesselinstrumenten – und irgendwie ziemlich sexy. Das kühle, unnachgiebige Metall, die schiere Unüberwindbarkeit der Fessel, das hat schon was. Aber sie sind auch unheimlich unbequem, unflexibel und tun schnell weh. Um auszuprobieren, wie du damit klarkommst, reicht auch ein preiswertes Modell. Dann gibt's für jeden Geschmack und jeden Geldbeutel Steigerungsformen. Immer wichtig: Der Schlüssel muss griffbereit sein!

Knebel: Auch diese fiesen Spielzeuge gehören zum Thema Restriktion und Fesselung. So ein Ding unterbindet die Fähigkeit zu sprechen oder zu schreien, auch wenn undefinierbare Laute noch durchkommen. Der Geknebelte kann sich in der Regel noch bemerkbar machen. Je nach Vorliebe darf schon eine Socke oder Unterhose als Knebel dienen. Atmung funktioniert nun nur noch über die Nase. Darum sollten Männer, die mit Atemnot zu kämpfen haben, also zum Beispiel Asthmatiker oder Verschnupfte, den Knebel weglassen. Das Ausspucken des Knebels verhindert eine Binde. Überlegt euch für solche Spielchen auf jeden Fall ein nonverbales und eindeutiges Zeichen als Ersatz für das Safeword.

Mundspreizer: Diese Teile haben genau den gegenteiligen Effekt von Knebeln, nämlich dass der Mund nicht mehr geschlossen werden kann. Gegenstand und Prinzip sind vielleicht vom Besuch beim Zahnarzt bekannt.

Für jeden Geschmack und Geldbeutel findet sich passendes Zubehör.

Wie beim Knebel wird auch hier die Artikulation erschwert, aber der Maulraum kann bespielt werden. Das Schlucken klappt meistens nur mühsam, was zur Folge hat, dass dem Kerl die Spucke nur so aus dem Mund tropft. Eine geile Sauerei!

Zwangsjacken: Daneben gibt es auch noch eine Reihe anderer Restriktionsklamotten. Sie sind schon aus Preisgründen nur etwas für Männer, die für diese Art der Freiheitsberaubung ein Faible haben. Und was es da alles gibt! Gut möglich, dass das Aussuchen der raffinierten Teile im Fachhandel dann Wünsche weckt, die vorher noch gar nicht da waren. Was als Sonderbestellung für einen einzelnen Kunden gefertigt wurde, findet oft genug einen Platz in der Standardkollektion, wenn die Idee inspirierend ist.

Klebeband: Für Bondage wird üblicherweise ein Gewebeband benutzt, etwa BW-Panzerband oder Gaffer-Band, auch Duck Tape genannt. Adhäsives Bondage-Tape aus dem Fachhandel klebt auch und hat zudem den Vorteil, dass beim Abziehen nicht Haut und Haare mit ausgerissen werden.

Frischhaltefolie: Sie ist in fast jedem Haushalt verfügbar und eignet sich bestens für Mumifizierung. Beim Einwickeln oder Fixieren von einzelnen Gliedmaßen oder dem ganzen Körper sollte nicht allzu kraftvoll angezogen werden, damit Blutstau oder Druckstellen vermieden werden. Je länger die Folie dran bleibt, desto glitschiger wird die Angelegenheit. So ein Kerl sondert eine Menge Schweiß ab, das zeigt sich spätestens beim Entfernen der Folie. Darum immer reichlich Handtücher und Küchenkrepp bereithalten.

Andreaskreuz: An Holz- oder Metallbalken, die in Form eines mannshohen X an der Wand befestigt sind, lassen sich leicht Beschläge anbringen. An Haken oder Ringen kann dann mittels Hand- und Fußgurten der Delinquent mühelos festgemacht werden. Auch die Fixierung von Körpermitte und Kopf ist natürlich möglich.

Spreizstangen: Ungehemmter Zugriff auf Genitalien und Arsch klappt am besten, wenn dem Partner das Zusammenkneifen der Beine unmöglich gemacht wird. Wer nicht auf die Edelteile aus dem Fachhandel zurückgreifen will, kann durch ein Rundrohr eine Gliederkette oder ein Seil in der passenden Länge durchziehen und an den Enden Karabinerhaken befestigen. Fußgurte halten die Beine dann wie gewünscht geöffnet.

Streckbank: Falls ihr auf dieses Möbelstück in einem Playroom oder Kellerraum trefft, sollten die Alarmglocken bei euch läuten. Wenn ihr nicht hundertprozentig sicher seid, dass euer Partner vertrauenswürdig ist, wäre ein höflicher Abgang angebracht. Eigentlich ist der Anblick schon so furchterregend, dass das Objekt an sich ausreicht, um den Faktor Angst ins Spiel zu bringen.

Was zum Teufel macht man mit einer Streckbank? Beim Einsatz dieses Gerätes können Bänder, Muskeln und Gelenke ernsthaft Schaden nehmen. Am Balken am Kopfende werden die Hände fixiert, am anderen Ende die Füße, während der Körper flach auf der Bank – eigentlich eher einem Tisch – liegt. In der Profiausführung lassen sich die einzelnen Bankteile mittels Drehwinden auseinanderbewegen. Simpler funktioniert das Strecken durch einfaches Ziehen an den Seilen der gefesselten Füße. Dadurch kommt es zu einer langsamen Dehnung von Muskeln und Bändern, deren Endlichkeit man sich leicht vorstellen kann. Schon der Gedanke daran, was passieren kann, treibt Schweißfluss und Puls in die Höhe. Zur Ausschüttung von Adrenalin muss man so ein Folterinstrument gar nicht in Aktion erleben. Das Festschnallen auf der Streckbank reicht eigentlich schon aus, um dann mit dem wehrlosen Opfer wesentlich angenehmere Sachen zu machen, als es langzuziehen.

Korsett: Das steife Teil (bei BDSM-lern gerne aus Leder) wird wie ein Mieder um die Taille gebunden. Da gibt es durchaus maskulin wirkende Modelle. Abgesehen vom Schutz, den es dem bedeckten Bauch und Unterrücken bietet, lässt sich durch die angebrachten Ösen der Körper leichter fixieren.

Monohandschuh und Fesselsack: Weil ein Jutesack einfach nicht sexy ist, bietet uns der findige Fachhandel hochwertige Lederteile an, in die man beide Hände oder die ausgestreckten Arme stecken kann. Das nennt sich dann Monohandschuh. Zugeschnürt mit luxuriös gearbeiteten Metallschnallen und Riemen, kann der Gefesselte sich aus eigener Kraft nicht mehr befreien. Haken und Ösen, die den Monohandschuh ebenfalls schmücken, ermöglichen zusätzliche Fixierung. Nachteil der Ganzarm-Ausführung: Die stillgelegten Gliedmaßen werden schnell taub, vor allem weil so ein Ding eng sitzt und gern die Oberarme abschnürt. Für längere Anwendung also nicht geeignet.

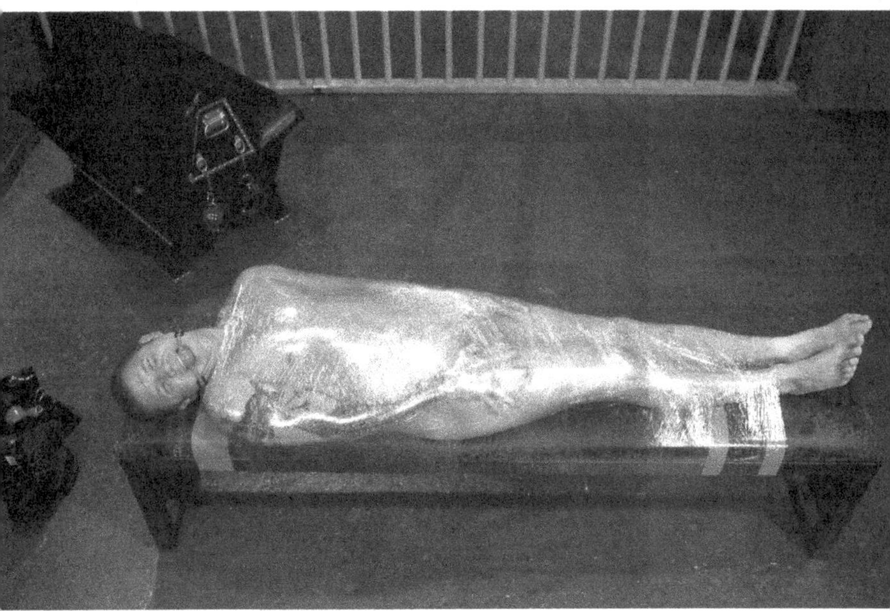

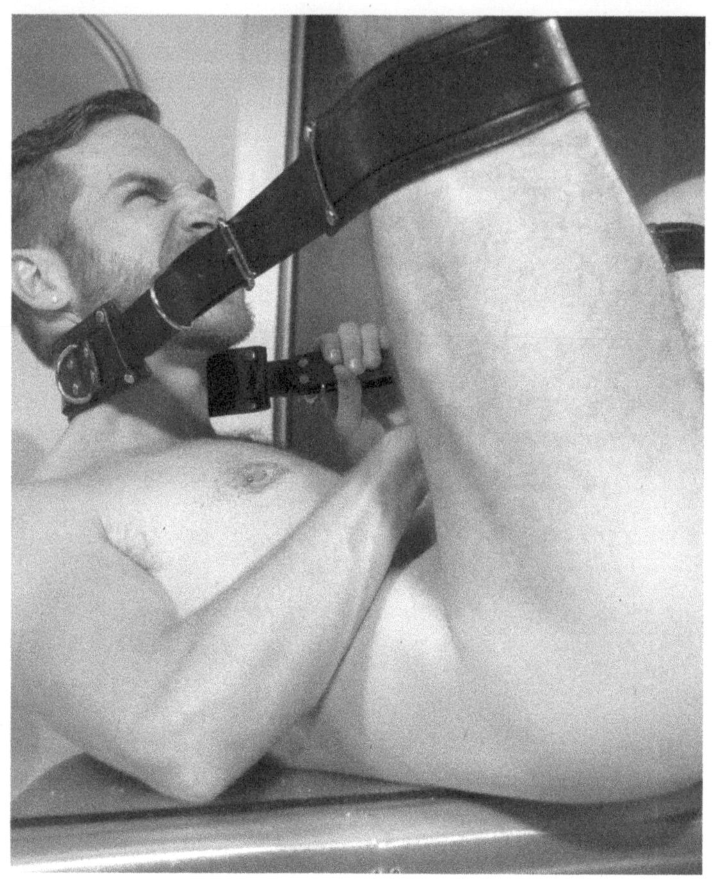

Der Fesselsack ist quasi die Ganzkörper-Variante des Monohandschuhs. Einfache Modelle erinnern an einen Schlafsack, der sich so verschließen lässt, dass eine Befreiung aus eigener Kraft nicht mehr möglich ist.

Vakuumbett: Nichts für Männer mit Platzangst. Einfach gesagt ist es ein Ganzkörperschlafsack aus luftdichtem Material, aus dem die Luft herausgesaugt wird. Der Körper darin wird dadurch sehr dicht eingeschlossen und in seiner Lage fixiert. Dabei entsteht kein echtes

Vakuum, aber immerhin ein Unterdruck, der stark genug ist, sogar die kleinste Fingerbewegung unmöglich zu machen. Die Atmung erfolgt durch Atemschläuche. Zwei Schichten Latex, Stahlrohre als Rahmen, eine Absaugvorrichtung, viel Zeit - was ist nicht alles nötig, um dafür zu sorgen, dass das Opfer hilflos eingeschlossen ist. Jede noch so sanfte Berührung wird durch das Latexmaterial übertragen und zum einzigen Impuls aus der Außenwelt. Die sensorische Deprivation ist nahezu komplett. Vor allem, wenn auch die Ohren verstöpselt sind. Denn den Lärm des Staubsaugers, der in der Regel zum Absaugen der Luft benutzt wird, muss man schon ertragen können. Ich kenne Vakuumbetten nur aus Erzählungen, bei denen das Lärmproblem ausgeklammert wurde, obwohl es in den entsprechenden Foren ein viel diskutiertes Thema ist.

Im Vakuumbett ist die sensorische Deprivation nahezu komplett.

Gefesselte Hände, verbundene Augen. Da bleibt noch genügend Bewegungsfreiheit, um das Spiel jederzeit abzubrechen - aber als Einstieg auf alle Fälle schon mal lustvoll nutzbar.

Fixierung in einer bestimmten Position, zum Beispiel durch Fesseln auf einen Stuhl oder im Stehen an Haken in Wand oder Decke. Der passive Partner bietet sich für Spielchen wie Abtasten oder Schlagen an, könnte sich aber notfalls wehren.

Totale Fixierung, also keine Bewegungsfreiheit mehr. Ob mit Seilen oder Folie, hiermit liefert sich der passive Partner total aus. Das bedingt großes Vertrauen in den Aktiven - und großes Verantwortungsbewusstsein von Letzterem.

▼ Flagellation (Schlagspiele)

Von Flagellation ist die Rede, wenn - in unserem Fall - der Dom dem Sub mithilfe von geeigneten Werkzeugen wie Peitschen, Ruten, einem Gürtel oder Rohrstock Schläge verpasst. Irgendetwas, das sich als Schlaginstrument eignet, hast du sicher in deiner Wohnung rumliegen, darum lässt sich diese Variante leicht ausprobieren. Selbstverständlich reden wir hier von Schlägen auf Körperteile, die das gut abkönnen – vorzugsweise der Popo. Notfalls reicht dafür auch die flache Hand. Dann nennt sich die Praxis *Spanking* (deutsch: Prügel, Schläge) und wird der Einfachheit halber demselben Kapitel zugeordnet. Da man die eine oder andere Hand immer mit dabeihat, ist diese Art von Schlagspaß allzeit möglich. Ein eindeutiger Vorteil. Natürlich hält der einschlägige Fachhandel auch für *Spanking* einige Hilfsmittel bereit – falls es euch mit der bloßen Hand irgendwann zu langweilig wird.

Wann Flagellation oder *Spanking* während einer Session zum Einsatz kommen, ist wieder mal Geschmackssache: zur Aufwärmung (dann sollten die Schläge nicht gleich zu hart sein), oder erst nachdem ihr bereits auf andere Art und Weise miteinander rumgemacht habt. Gut platziert kann euch so eine Abreibung beide wieder in Schwung bringen und die Lust wiederbeleben. Marquis de Sade schreibt in seinem Buch *Juliette oder die Vorteile des Lasters* über die Flagellation: »Diese Operation vermittelt den erschöpften Körperteilen eine so gewaltige Erschütterung, eine so wollüstige Erregung, die sie regelrecht verzehrt, und lässt den Samen mit unvergleichlich größerer Wucht herausschleudern.« Na bitte!

Falls du den aktiven Part übernimmst, wirst du schnell merken, dass Schläge mit der nackten Hand dir selbst auch ganz schön wehtun. Nach einer Weile brennt die Hand richtig. Auch Lederhandschuhe bewahren dich nicht davor. Obwohl die Berührung von Haut auf Haut ihre Reize hat, hast du also besser noch eine Alternative parat. Dem Partner mag es lieber sein, wenn du ihn weiterhin barhändig bearbeitest, aber Pech gehabt: Da muss er durch.

Angeblich ist die Abreibung mit der Hand für den passiven Partner tatsächlich durch die Intimität dabei sehr aufregend. Immerhin besteht Körperkontakt. Aber richtig abheben können schmerzgeile Männer erst, wenn es anders zur Sache geht. Da wachsen ihnen angeblich Flügel, glaubt man Einträgen in entsprechenden Foren. Also her mit dem lustbringenden Werkzeug! Wer's ganz genau nimmt, muss Schläge mit dem Rohrstock *Caning* nennen. Dabei ist eine millimetergenaue Platzierung möglich. Du kannst die Stelle verkünden, die gleich getroffen wird, und mit ein bisschen Übung und Geschick erfolgt eine punktgenaue Landung. Präzises Maßnehmen ist gut machbar, weil die Distanz zum Ziel durch die Länge des Instruments vorgegeben ist. Bei einer weichen Peitsche weiß man nie exakt, wie die Flugbahn verläuft. Beim *Caning* kannst du sogar ästhetische Muster auf Arsch, Rücken, Arme oder Beine »malen«. Den Bauch-, Hals- und Kopfbereich hingegen – wie immer bei Schlägen – vermeiden! Die Wucht der Hiebe kannst du gut steuern, denn die schnittigen Dinger liegen gut in der Hand.

Auch Peitschen haben allerdings ihre Vorteile. Schon von den geweckten Assoziationen her vermitteln sie andere Werte als ein Rohrstock. Während ein Rohrstock vielleicht eher die private Züchtigung symbolisiert, kommen bei Peitschen öffentliche Bestrafungen in den Sinn. Demnach hat die Peitsche etwas Endgültigeres, Offizielleres, fast Feierliches. Sklaven, Verbrecher, sündige Mönche und allerlei Pack wurden zur Strafe vor den Augen der Zuschauer entkleidet und ihrer Untat entsprechend gepeitscht, bis das Strafmaß erreicht war. Dass dieser Mist auch heute noch in vielen Ländern genau so praktiziert wird, lässt sich nur mit echtem Sadismus erklären. Wir konzentrieren uns auf die spielerische Variante, bei der am Ende alles gut ausgeht.

Der physikalische Vorgang, der bei der Verwendung einer einstriemigen Peitsche abläuft, ist sehr komplex. Während die Schlagbewegung abrupt gestoppt wird, strebt das untere Ende der Peitschenschnur aufgrund der Fliehkraft die vollständige Streckung an. Dabei kann Überschallgeschwindigkeit erreicht werden, was dann zum bekannten Peitschenknall führt. Leicht vorstellbar, was da für eine Energie im Spiel ist! Darum gelten Peitschen mit Recht im juristischen Sinn als Schlagwaffe. Das gilt zwar auch für mehrstriemige Peitschen, aber diese sind wesentlich gefahrloser

Schläge mit der nackten Hand können dir selbst auch ganz schön wehtun.

benutzbar und darum für Anfänger sowohl von der Handhabung als auch vom Effekt her besser geeignet.

Die kurze und griffige Ausführung aus geschmeidigem Leder wird oft *Flogger* genannt, entsprechend die Benutzung derselben *Flogging*. Eine mehrstriemige Peitsche kann weich aufgefächert oder als harter Block den Körper treffen. Nach wie vor ist Leder der absolute Favorit. Die schick designten Kunststoff-Varianten schneiden ungleich härter in die Haut, viel zu heiß, egal wie viel Geld sie gekostet haben. Leder – als Streifen oder zu Schnüren geflochten – fühlt sich einfach anders an. Es passt sich schnell an, wärmt sich sogar auf, ohne wirklich zu erhitzen. Es kann sanft schmeicheln oder kaum ertragbare Schmerzen verursachen. Flächig über eine Hautstelle gleiten oder punktuell einen Nippel berühren. Mit der Peitsche kannst du richtig zaubern, wenn du ein bisschen Übung hast. Ein Rohrstock ist da eher einseitig. Allerdings ist die Treffsicherheit einer Peitsche nicht so leicht zu beherrschen, besonders die von längeren Exemplaren. Sie verlangen einiges an Geschick und Praxiserfahrung, sonst triffst du nicht nur die falsche Körperstelle, sondern zertrümmerst auch Lampen und Dekoration, wenn's schiefläuft. Kleine Trainingseinheiten vorab können helfen. Das muss ja nicht heißen, dass du im Büro eine Buchstabenfolge in die Tastatur peitschst. Vielleicht kannst du zu Hause am Türrahmen oder auf dem Bett einen Punkt anpeilen und ihn fertigmachen. Vielleicht noch ein Bildchen von deinem Chef – oder deiner Schwiegermutter oder ... – dazugeklebt?

Während *Spanking* und *Flogging* in so gut wie jeder Lage möglich sind, muss vor allem für eine längere Peitsche das Objekt deiner Begierde in die richtige Position gebracht werden. Du selbst brauchst Raum, um ausholen zu können, während dein Partner über ein passendes Möbel gebückt wartet oder aufrecht steht, die ausgestreckten Arme oben an passende Haken oder eine Stange gefesselt. Arme, Rücken, Arsch und Beine präsentieren sich als Ziel. Die Ankündigung durch sanfte Streicheleinheiten erhöht die Spannung. Dein Opfer stöhnt, zittert und bebt vor einer Mischung aus Angst und steigender Erregung. Zart gleiten die weichen Lederriemen über die nackte Haut. Dann trittst du entschlossen einen Schritt zurück und nimmst Maß. Der erste Schlag kann wie eine Erlösung für euch beide sein. Das richtige Maß zwischen dem, was von dir gewünscht und vom Partner erwartet oder befürchtet wird, zu treffen, macht die Kunst des Spiels aus. Sind die Schläge zu schwach, stellt sich lediglich ein flacher Schmerz ein, der schnell lästig sein kann und keinerlei Erregung zulässt. Sind sie zu stark, verkrampft sich alles, und die Lust ist erst mal dahin. Mit dem Phänomen Schmerz beschäftigen wir uns später noch genauer.

◡ Leichte Klapse mit der Hand auf Arsch oder Schwanz dürfen immer mal ins Spiel gebracht werden, selbst scherzhaft. Wenn's ein bisschen fester sein soll, ist auch das im Zuge von leidenschaftlichem Sex absolut drin.

◡◡ Festere Schläge mit der flachen Hand oder mit einer weichen

Lederpeitsche *(Flogger)* sind schon etwas, das angetestet werden muss, sonst ist schnell Schluss mit der Lust. Die gewählte Körperstelle ist bedeutsam: Rücken und Arsch sind Bereiche, die bei den meisten Männern gerne ins Spiel kommen dürfen.

◡◡◡ Rohrstock oder Gerte und der entschlossene Einsatz von Lederpeitschen sind Schmerzliebhabern vorbehalten, die zumindest ihre Grenzen mal ausprobieren möchten – oder schon wissen, was sie wollen.

▸ Kleine Peitschenkunde

Außer Leder werden auch andere Materialien für die Riemen von Peitschen benutzt, z.B. Gummi, Latex oder Pferdehaar. Aber auch Gummischnüre oder dünne Ketten können verarbeitet werden. Dabei gilt: Je mehr Striemen oder Schnüre, desto breiter die Trefferfläche. Das verteilt den Schmerz.

Flogger: Die zahlreichen Riemen aus weichem Leder oder ähnlichem Material haben einen hohen Luftwiderstand, sodass Schläge damit schon vor der Landung relativ stark abgebremst werden. Trotzdem ist ihre Wirkung deutlich spürbar, und das dabei entstehende Geräusch ist ein zusätzliches Plus. Für Anfänger genau das Richtige.

Klopfpeitsche, auch Siebenstriemer: Die kurzen Riemen sind aus grobem Leder gemacht. Erst durch langes Einschlagen werden sie geschmeidig und hinterlassen auch dann noch heftige Striemen auf der Haut. Wegen der harten Schlagwirkung nicht für Anfänger geeignet und insgesamt nur mit Vorsicht zu gebrauchen. Schläge in die Nierengegend oder direkt auf die Wirbelsäule können tiefergehende Schäden verursachen. Die französische Ausführung (mit Holzgriff) wird Martinet genannt.

Sanfte Streicheleinheiten vor dem ersten Schlag erhöhen die Spannung.

Neunschwänzige Katze: In Anlehnung an die Herkunft aus der Seefahrt, wo sie zur Züchtigung von aufmüpfigen Matrosen benutzt wurde, bestehen die neun langen Striemen aus geflochtenen Tauen. Abwandlungen aus Leder sind mittlerweile aber handelsüblicher. Diese Peitsche kann bei entsprechender Schlagkraft extrem gefährlich werden, ihre Wirkung lässt sich aber durch die langen Riemen auch gut dosieren.

Bullenpeitsche (auch Bullwhip oder Snakewhip): Eine einschwänzige Peitsche im Stil von Indiana Jones. Sexy, aber schon aus Platzgründen ist die lange Peitsche die Ausnahme beim SM-Spiel. Sie lässt sich auch nur mit viel Übung handhaben und entwickelt beim Schlag eine viel zu große Kraft, um wirklich spaßbringend eingesetzt zu werden. *Geißel:* Die Riemen oder Schnüre sind am Ende verknotet oder sogar mit Gewichten oder Widerhaken versehen. Das führt zu starken Verletzungen.

Pferdehaarpeitsche: Bei dieser Peitsche werden Haare aus einem Pferdeschweif als Riemen verwendet. Die Schlagkraft dieses Modells ist vergleichsweise gering, aber die vielen dünnen Haare jagen dem Ausgepeitschten einen feinen, stechenden Schmerz über die Haut.

Achtung!
Bei allen Peitschenspielen sind Kopf- und Halsbereich generell tabu, genauso die Nierengegend oder Schläge direkt auf die Wirbelsäule.

▶ Spanking-Instrumente

Paddle: Eine flache Holzplatte mit kurzem Griff, die an ein Paddel zum Bootfahren erinnert. Vor allem in den USA ist dieses Schlagwerkzeug beliebt. Im Handel gibt es auch hochwertige Ausführungen, die mit Leder bespannt oder mit kleinen Nieten für den Extra-Kick versehen sind.

Slapper: Sieht ähnlich aus wie ein Paddle, allerdings meist schmaler und etwas länger. An einem Ende ist ein Stück Leder befestigt, das beim Aufschlag zusätzlich knallt.

Tawse: Ein breiter Streifen aus hartem Leder, mit oder ohne Griff, das sich in zwei oder mehr Zungen teilt.

Reitgerte: Ein Klassiker, den wohl jeder kennt.

Lineal: Hier sollte darauf geachtet werden, dass das verwendete Modell nicht allzu leicht splittert oder zerbricht.

Kochlöffel (aus Holz): Günstig, wirksam, gibts in jedem Haushalt.

Birkenrute: Zu einem Bündel geschnürte Birkenzweige – lässt sich beim nächsten Waldspaziergang gut selbst herstellen und ist damit perfekt für die Sparfüchse unter uns geeignet.

Teppichklopfer: Perfekt, um der nächsten Session einen nostalgischen Touch zu verleihen.

▼ Wachsspiele

Das Spiel mit dem Feuer ist sinnlich, und darum sind Kerzen beim Sex eine schöne Angelegenheit. Damit meine ich natürlich nicht die als Kerzen verkleideten Plastikstumpen mit LED-Lämpchen – die sind für das, worauf ich hinauswill, nicht zu gebrauchen. Zwar ahmen sie Kerzenschein nach, und selbst wenn du Neonlicht als Beleuchtung bevorzugst, kann zu gegebener Zeit ein Lichtwechsel höchst willkommen sein. Besonders um Abwechslung in eine stundenlange Session zu bringen. Aber wenn die echten Kerzen schon mal brennen, kannst du sie ruhig auch mal zur Hand nehmen und deinem Partner mit ein paar Tropfen eine heiße Überraschung bereiten. Nein, nicht einfach – schwapp – über die Brust kippen. Ohne Worte verlieren zu müssen, nimmst du die Kerze aus dem Halter und schwenkst sie mit einem charmanten Lächeln über der nackten Haut. Erntest du einen kritischen Blick, musst du wohl ein bisschen Überzeugungsarbeit leisten. Ein, zwei feierlich platzierte Tropfen auf deinem eigenen Arm, auf Brust oder Bauch zeigen dem Partner, dass er keine Qualen leiden wird, wenn du es bei ihm machst. Wenn er dann immer noch nicht will, machst du eben Schluss mit ihm. Wie, du liebst ihn? Dann muss dir eins klar sein: Wenn er noch nicht mal diese einfache Einstiegsnummer mag, ist er ganz bestimmt nicht für SM zu gewinnen. Denn tatsächlich ist heißes Wachs die einfachste Testmethode, Schmerz mit einer besonders aufregenden Form der Lust zu verbinden. Besonders aufregend darum, weil es keinen Körperkontakt geben muss, während der eine dem anderen den Schmerz bereitet. Das Wachs dient als Medium. Es besteht – die richtige Handhabung vorausgesetzt – keine Verletzungsgefahr, und es hinterlässt keine Spuren. Das Gefühl von heißem Wachs auf der Haut kann sehr erregend sein, wenn es im erotischen Kontext passiert. Dieses wahrhaft heiße Spiel kann im weitesten Sinne wieder mit Macht und Unterwerfung zu tun haben, muss es aber nicht zwangsläufig.

Sollte dein Partner aufgeschlossener sein, sind Vorspiele wie Selbstwachsung und Lächeln nicht zwingend nötig. Der Griff zur Kerze reicht vielleicht schon, um den Kerl geil zu machen. Hat er die Augen verbunden, genügt die Ankündigung oder, falls die Binde es zulässt, das Schwenken der Flamme in Augenhöhe. Das durchscheinende Licht wird ihm verraten, was jetzt kommt.

Als Ziel hat so ziemlich jede Körperstelle ihre Attraktion, und jede reagiert anders auf die Hitze. Doch der Kopf sollte verständlicherweise ganz ausgeklammert werden. Stark behaarte Stellen bremsen den Kontakt mit der nackten Haut. Außerdem ist das erhärtete Wachs später nur mühsam wieder rauszuklauben, aber trotzdem sollte das kein Hindernis sein.

Der Griff zur Kerze reicht vielleicht schon, um den Kerl geil zu machen.

Mit Wachs darfst du nicht verschwenderisch umgehen. Je größer das Quantum, desto heißer ist das Zeug. Und: Ist die gewählte Stelle einmal umhüllt und das Wachs abgekühlt, kann sie nicht von Neuem bespielt werden, ehe man sie von der Kruste befreit hat. Darum empfiehlt es sich, tropfenweise vorzugehen. Auch durch Wachsspiele kann der Schmerz, der da auf den Partner träufelt, Körperstellen oder -teile bewusst machen. Langsam von oben nach unten, von rechts nach links läuft die Spur auf Rücken, Armen, Beinen, Brust, Arsch oder Schwanz und Eier, kitzelt die Nerven wach, lässt die Spannung auf den nächsten Tropfenfall wachsen.

Ein paar Tipps:

- Einfache, möglichst ungefärbte Haushaltskerzen eigenen sich sehr gut.

- Die Hitze der Wachstropfen kannst du durch den Abstand regulieren. Je größer die Fallhöhe, desto mehr kann der Tropfen abkühlen. Gewöhnlich bestehen Haushaltskerzen aus einer Mischung aus Stearin, Paraffin und gehärteten Fetten, eventuell noch mit Zusätzen wie Parfümölen, Farbstoffen und Metallstaub. Das flüssige Wachs entwickelt eine Temperatur von 55 bis 60 Grad, was Verletzungen auf nackter Haut so gut wie ausschließt. Bei Schleimhäuten ist natürlich Vorsicht geboten.
- Kerzen aus reinem Stearin verhalten sich ähnlich wie die aus Paraffin. Sie sind etwas schwerer zu bekommen und etwas teurer, dafür härtet ihr Wachs schneller aus und kühlt auch schneller ab. Das kann von Vorteil sein, wenn du die gewachste Stelle

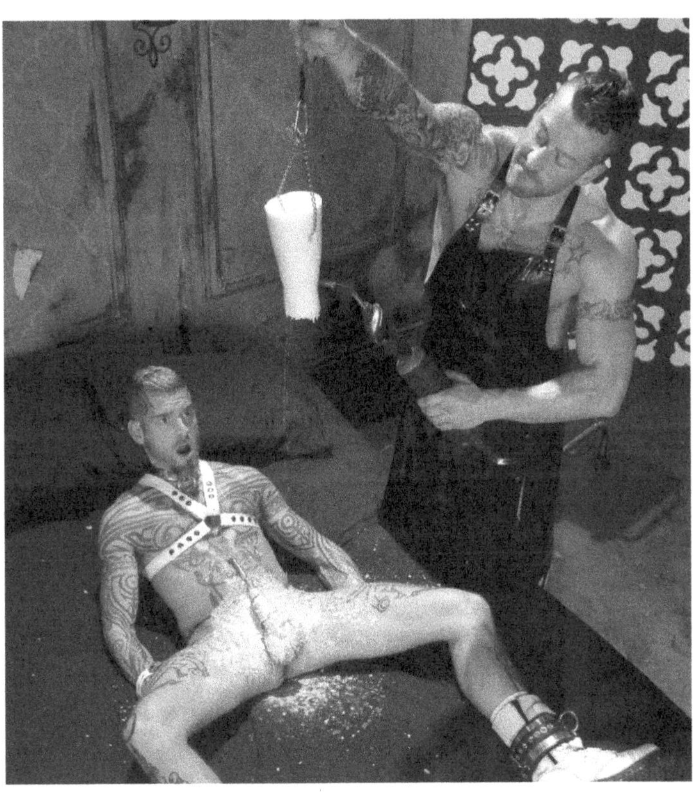

schnell neu bespielen willst – denn das Zeug ist ratzfatz abgepellt, und die nächste Portion kann laufen.

- Keine Bienenwachskerzen verwenden: Sie entwickeln eine Temperatur von bis zu 70 Grad und sind damit zu heiß.
- Keine Teelichter verwenden: In denen kann sich viel heißes Wachs sammeln. Vor allem wenn nur noch flüssiges Wachs im Alu kocht, sind schlimme Verbrennungen möglich.
- Friedhofskerzen können denselben Effekt hervorrufen, darum auch hier darauf achten, dass nicht zu viel Wachs aus Versehen auf einmal ausgekippt wird. Solange es noch festes Wachs in der Kerze gibt, behält es gleichmäßig seine Schmelztemperatur von 55 bis 60 Grad.

Heißes Wachs solltest du immer nur tropfenweise verwenden.

◡ Ein Tropfen hier, ein Tropfen dort, wie aus Versehen, das schadet nicht auf Handflächen, Armen, Brust, Bauch, Beinen. Schwanz und Eier sollten erst mal ausgenommen werden.
◡ ◡ Bewusstes Spiel mit der tropfenden Hitze. Körperstellen oder ganze Bereiche werden gezielt und mit leichter Steigerung beträufelt. Auch Schwanz und Eier.
◡ ◡ ◡ Eine größere Menge heißen Wachses auf eine empfindliche Stelle ist richtig schmerzhaft und muss vom Körper erst mal verkraftet werden, bevor es weitergehen kann. Umso schöner, wenn der Schmerz nachlässt.

▼ *Dirty Talk*

Beim Sex zu reden, fällt vielen Männern leicht. Zumindest wenn die Geilheit mit ihnen durchgeht, wird da schon mal die eine oder andere begeisterte Bemerkung gegrunzt. Aber oft geht es auch weiter – und gelegentlich komplett schief.

Damit sich die erotisierende Wirkung von Wörtern und Sätzen entwickeln kann, sind einige Grundvoraussetzungen nötig: Eine erträgliche Stimmlage und die richtige Sprachwahl. Damit meine ich nicht die Wahl zwischen Finnisch oder Spanisch – wenn der richtige Kerl den richtigen Ton trifft, ist es eigentlich egal, dann musst du nicht alles verstehen, es ist einfach nur geil –, sondern die zwischen Pfälzisch oder Hochdeutsch. Es kann geil sein, wenn dein Partner demselben Kulturkreis entstammt wie du, aber es gibt tatsächlich nur wenige Dialekte, die sich sexy anhören. Bayerisch gehört Umfragen zufolge dazu, und Kölsch liegt auch nicht ganz hinten.

Ich erinnere mich recht ungern an eine Situation, in der ein Dialekt eine Rolle spielte: Ich war kurz vorm Kommen und freute mich an dem begeisterten Gesichtsausdruck des Kerls, der vor mir kniete. Es war quasi schon so weit, und da rief er laut in astreinem Sächsisch: »Jö, sprütz ob dü göile Sau!« Ich hätte ihm so gern den Gefallen getan. Zuvor hatte er sich keinen Dialekt anmerken lassen. Jetzt aber war er völlig selbstvergessen am Wichsen und tat eine Art Urschrei, selber kurz vorm Abgang. Und meiner war plötzlich in weite Ferne gerückt. Sosehr ich mich auch bemühte, der unerwartete Ausbruch auf Sächsisch hatte mich völlig aus dem Konzept gebracht. So ein Mist! Dabei hatte er es sich so verdient. Noch heute bedauere ich, dass das passiert ist. Die Enttäuschung im Blick des Kerls blieb haften.

Weil zur Kategorie *Dirty Talk* auch Befehle gehören – »Bück dich!«, »Schieb deinen Arsch hierher!« –, ist eine SM-Session ohne dieses Element kaum denkbar. Die Grenze zwischen obszön-erregendem und zu vulgärem Gerede ist dabei individuell. Dass Dinge beim Namen genannt werden, sollte aber drin sein. Bei Rollenspielen ist natürlich auch der Sprachgebrauch anzupassen: Prollsprache, Militärjargon, medizinische Fachwörter und so weiter, je nach Thema der Session. Ansonsten gehen außer Befehlen jederzeit genaue Beschreibungen, was du gerade machst oder was du gerade spürst, und auch geile Fantasien könnt ihr austauschen. Ob

Schmutzige Wörter einfach mal rausbrüllen kann ganz schön befreien.

Schimpfwörter oder Beleidigungen mit im Repertoire sind, kommt auf deine Lust und deinen Partner an.

Dirty Talk aber bitte nicht inflationär verwenden. Auch Unausgesprochenes kann für erotische Spannung sorgen und allzu viel Gequatsche nerven. Aber der Scham vor schmutzigen Wörtern mal ein Ventil geben und sie richtig rausbrüllen, das kann ganz schön befreien.

◡ Anordnungen (»Leg dich mal da hin«, »Wir gehen mal in Richtung Sling« etc.), Beschreibungen, was gerade passiert.
◡◡ Befehle (»Los, streck deinen Arsch raus!« oder noch schroffer: »Hinlegen! Da!«), Austausch von schmutzigen Fantasien.
◡◡◡ Beleidigungen, Schimpfwörter.

▼ Elektro-Spiele (E-Stim)

Ich war schon etwas ängstlich, als mein *Fuckbuddy* einmal plötzlich ein mysteriöses Gerät auspackte und meinte, ob ich Lust auf Reizstrom hätte. Meine Erfahrungen mit Strom beschränkten sich bis dahin auf den einen oder anderen Schlag, den ich beim unvorsichtigen Hantieren mit Elektrokabeln oder Steckdosen bekommen hatte. Und das reichte mir eigentlich. Aber mein *Fuckbuddy* beschwichtigte meine Angst und ließ sich bei der Vorbereitung der Aktion nicht beirren. Er zwirbelte ein Stück Lötdraht von einer Rolle und drehte es zu einem Doppelstrang. Den befestigte er an meinem Cockring, bastelte eine kleine Schlaufe am oberen Ende und klammerte die eine der beiden Elektroden daran. Dasselbe machte er an seinem Cockring, und somit waren wir verbunden. Quasi ein Stromkreis. Weiter passierte erst mal gar nichts. Selbst als er das Gerät einschaltete, spürte ich nichts. Dann aber näherte er sich meinem Gesicht mit herausgestreckter Zunge und forderte mich auf, sie mit meiner Zunge zu berühren. Und tatsächlich: Es prickelte merklich, aber nicht unangenehm. Und so bekam ich Lust herauszufinden, wo es sonst noch so blitzen und knistern kann.

Strom, der durch den Körper gejagt wird, ist gar nicht so abwegig, wie es klingt. Auch natürliche, neurophysiologische Prozesse bewirken elektro-chemische Signale im Nervensystem. Jede Muskelbewegung beruht auf diesem Prinzip. Elektrische Nervenstimulation wird schon lange auch erfolgreich bei der Behandlung von Schmerzen eingesetzt. Bei der Anwendung werden körpereigene schmerzhemmende Systeme aktiviert.

Etwas neuer ist die Anwendung beim Muskeltraining, bei dem während eines aktiven Wechsels von An- und Entspannung der Muskeln Reizstrom durch die Haut geschickt wird. Das führt zur Kontraktion der Muskeln wie zum Beispiel beim Gewichtheben, und die Muskelfasern werden leistungsfähiger und bauen – mit der richtigen Zusatznahrung – Gewebe auf. Obwohl es den Muskeln im Vergleich zum Aufbau durch das übliche Trainingsprogramm an Kraft fehlt, ist der sichtbare Erfolg beachtlich. »Fitness für Faule« wird das Verfahren genannt, heißt aber eigentlich Elektrische Muskelstimulation (EMS), und tun muss man dabei trotzdem was.

Auch bei EMS sorgt der Strom für ein Kribbeln in den Muskeln, das als mehr oder weniger unangenehm beschrieben wird. Genau dieses Kribbeln, aber auch andere, eher pulsierende Gefühlserlebnisse, werden beim geilen Spiel mit Reizstrom hervorgerufen. Frequenz und Impulsintensität lassen sich bei den angebotenen Steuergeräten stufenlos individuell einstellen. Je nach gewählter Intensität erzeugen hohe Frequenzen unter den Elektroden ein Kribbeln, das sich bis zum heftigen Vibrieren steigern lässt. Niedrige Frequenzen bewirken dagegen sanfte bis starke Muskelzuckungen. Besonders an der Schwanzwurzel ist das deutlich als Klopfen zu spüren. Diese Effekte eignen sich prima zur sexuellen Stimulation, wenn man die Elektroden entsprechend platziert. Dabei werden Gefühle erzeugt, die kaum beschrieben werden können, weil sie völlig ungewohnt und schwer mit etwas anderem vergleichbar sind. Mit ein bisschen Lust am Ausprobieren finden sich schnell Geräteeinstellungen, die so lustintensiv sind, dass sich über eine geraume Zeit ein Zustand nahe dem Orgasmus halten lässt.

Bei Elektro-Spielen erwartet dich ein besonders geiles Kribbeln.

Die handelsüblichen Geräte sind mit Pads ausgestattet, die sich mit dem dazu gekauften Elektroden-Gel auf der Haut anbringen lassen. Wenn die Pads durch Klammern (Elektrobedarf) ersetzt werden, sind Piercings oder Cockringe geeignete Ansatzpunkte. Feuchtigkeit ist wichtig, damit der Reizstrom besser fließen kann. Sind beide Partner angeschlossen, machen besonders Berührungen zwischen feuchten Körperstellen, also vor allem Schleimhäuten, das Erlebnis spannend. Zunge oder Schwanz an Brustwarzen, Lippen oder Anus des Partners – die Verbindung mit dem Gegenpol des anderen bescheren euch ein prickelndes Gefühl der Sonderklasse.

Keine Angst vor Funkenbildung: Die läuft höchstens in deinem Kopf ab.

Allerdings sollten nicht beide Brustwarzen angekoppelt werden. Gerade Piercings verlocken zur Verbindung von beiden Nippeln, aber Achtung: Dazwischen liegt der Herzmuskel, der auf die ungewöhnliche Stimulation durch Reizstrom gerne verzichtet. Die Impulse können den Herzrhythmus beeinflussen, also wegbleiben mit dem Elektrozeug. Bei Herz-Kreislauf-Erkrankungen etwa, neurologischen Erkrankungen wie Epilepsie, bei Diabetes oder mit einem Herzschrittmacher sollte man besser keine Experimente mit Reizstrom machen.

Mit zunehmender Erregung wird der Körper schmerzunempfindlicher. Darum mit geringer Frequenz und Intensität starten, damit noch genügend Spielraum für den Höhepunkt bleibt. Am besten das Gerät erst mal alleine ausprobieren. Die Teile sind in ihrer Leistung so ausgelegt, dass eine Gratwanderung zwischen Lust und Schmerz einfach zu beherrschen ist. Nicht zuletzt deshalb eignet sich die Elektrostimulation bestens für fantasievolle SM-Spiele. Und keine Angst vor Funkenbildung: Die läuft höchstens lustbedingt in deinem Kopf ab.

Stromdildos: Brummende Kreisel und dröhnende Vibratoren sind Geräte, die sich so mancher Kerl hinten reinschiebt, wenn grad kein richtiger Schwanz greifbar ist. Die Metallplugs und -dildos, die unter Strom gesetzt werden können, sind in der Regel lautlos, bringen aber dein Innerstes zum Schwingen. Wie gewöhnliche Plugs und Dildos gibt es sie in allen denkbaren Formen. Die Steuergeräte erlauben dann das Regulieren von Impulsintensität und Frequenz.

Immer mit geringer Frequenz starten – so bleibt Spielraum für den Höhepunkt.

◡ Anlegen von Massagepads auf die Haut.
◡ ◡ Anklammern der Elektroden an einen Nippel oder an den Schwanz.
◡ ◡ ◡ Rosette unter Strom setzen oder Teile, die unter Strom stehen, in den Arsch schieben.

▼ Fisten

Dass Fisten beim Thema SM eine Rolle spielt, dürfte eigentlich nicht verwundern. Psychisch und physisch geht da einiges ab, und ohne die ausreichende Hingabe des passiven Partners ist die Praktik nicht denkbar. Auch ein gewisses Maß an Bereitschaft, Schmerz zu ertragen, sprich: Masochismus, ist Voraussetzung. Ob außer großem Einfühlungsvermögen des aktiven Partners auch ein Schuss Sadismus dazugehört, dem anderen die Faust in den Arsch zu schieben, muss subjektiv beurteilt werden.

Ein enormer Lustgewinn ist für beide Partner drin, wenn's gut läuft. Der passive hat außer den körperlichen Gefühlen, die bei der extremen Dehnung des Schließmuskels und bei der Darmmassage durch die Hand des Partners entstehen, auch einen psychischen Kick: das Ausgeliefertsein, die Verletzlichkeit bei der Prozedur, das totale Sich-öffnen für den anderen Kerl.

Dieses Geschenk ist der Reiz für den aktiven Partner. Er steckt tief drin im Körper des anderen, kann jede Zuckung spüren und jeden Widerstand, den es liebevoll zu knacken gilt, um die nächsten Zentimeter zu erobern. Atem und Muskelbewegungen übertragen sich auf die Hand und lassen erahnen, ob die Bereitschaft zum weiteren Vordringen da ist. Je tiefer es geht, desto deutlicher sind der Herzschlag und die Hitze im Körper des anderen zu spüren, immerhin um die 37 Grad. Eine aufregende und innige Erfahrung, denn die Nähe zueinander, die bei jedem Atemzug spürbar wird, ist kaum zu überbieten.

Zur Vorbereitung gehört für den Aktiven die Kontrolle der Fingernägel - sehr kurz und mit der Feile bearbeitet - und des Gleitmittelbestands. Ob Crisco, spezielle Fist-Gels oder die schlüpfrige Masse aus dem Veterinärbedarf (auch Tierärzte müssen mit ihren Händen in Löchern arbeiten) ist Geschmackssache. Der Passive muss sich gründlich spülen, denn wenn durch eine Verletzung Scheiße ins Blut kommt, besteht die Gefahr einer Blutvergiftung. Nach der Spülung so gut wie möglich entspannen. Ob auf allen Vieren oder auf dem Rücken in Sling oder Bett – welche Position am besten funktioniert, das muss ausprobiert werden. Auf alle Fälle braucht der Aktive einen festen Stand, damit er sich voll auf die Aktion konzentrieren kann.

Das Vorspiel zum Fisten ist das Eindringen eines Fingers in die Rosette. Wer auf Analsex steht, muss nicht zwangsläufig einen Fingerfick geil finden, aber immerhin sind die Chancen nicht schlecht. Ob daraus ein Faustfick wird, hängt von der Übung und der Bereitschaft dazu ab. Dildos helfen, sich mit Fremdkörpern im Darm anzufreunden, und lassen sich je nach Größe und Fortschritt wählen. Praktisch.

Zurück zu den Fingern. Nach und nach dringen sanft weitere Finger ein. Allein das Öffnen des Schließmuskels ist manchmal schon so erregend, dass es auch mal genügt, einfach nur dieses Spiel zu genießen. Vor allem dann, wenn je nach Tagesform und Partner die Faust gerade nicht so willkommen ist.

Spätestens wenn der Daumen mit den anderen vier Fingern zum Einsatz kommt, wird es aber Ernst. Es folgt der Moment der größten Herausforderung an den Muskel der Rosette. So ein Satz Handknöchel kann ganz schön dick sein, wenn er den Muskelring passieren soll. Viel Geduld und Spucke – beziehungsweise Gleitgel – sind gefordert. Sind die Knöchel samt fünf Fingern drin, wird ein Knick im Darm fühlbar. Dem Verlauf der »Kohlrausch'schen Falte« müssen die Fingerspitzen vorsichtig folgen, damit die Hand ihren Weg findet. Der ist bei langsamem Vorgehen und der entsprechenden Fühligkeit auch ohne anatomische Beschreibung ganz gut zu ermitteln. Die Suche nach der nächsten Öffnung, nach der nächsten Kurve geht aber nur im Zusammenspiel mit dem Partner, und das verbindet.

Wenn es eine Pause geben soll, wegen der enormen Anstrengung oder weil sich was verkrampft, muss vor allem der Abgang aus dem Darm ruhig und vorsichtig vollzogen werden. Auch wenn's vielleicht grade wehtut oder extrem unangenehm ist, muss auch der passive Partner wissen, dass ein abruptes Herausreißen der Hand jetzt absolut falsch ist. Also noch mal durchatmen und so gut wie möglich entspannen, bevor die Faust die Rückreise antritt.

Eine extreme Variante des Fistens und nur für fortgeschrittene Praktiker geeignet ist das *Punching*, bei dem eine oder beide Fäuste abwechselnd in schnellem Rhythmus eingeführt und wieder herausgezogen werden. Wer diese Spielart ausprobieren will, muss viel Geduld beweisen und Zeit zum Üben und langsamem Vortasten einplanen.

Viel Geduld und Spucke – beziehungsweise Gleitgel – sind gefragt!

Weil besonders der passive Partner schnell auskühlt, sind Kuschelpausen und wärmende Decken oder Kleider zwischendurch sehr willkommen. Angenehme Raumtemperatur ist prinzipiell angesagt. Wenn sich Gänsehaut zeigt, sollte das nicht am Frösteln liegen, sondern an den Gefühlen, die durch den Körper rauschen.

Zu guter Letzt: Sicherheit geht vor!

Es ist nicht auszuschließen, dass es mal zu kleineren Verletzungen kommt, sowohl an der Rosette als auch im Darm. Wenig und helles Blut ist unbedenklich. Bei anhaltenden Schmerzen aber unbedingt zum Arzt gehen. Sollte sich dunkleres Blut zeigen – am besten gleich ins Krankenhaus. Eine ernsthafte Darmverletzung bemerkt man körperlich erst, wenn es fast zu spät ist.

Sicherlich eine der hilfreichsten Einführungen zum Thema bietet Stephan Niederwiesers *Fist-Fibel.* Darin findest du auch umfangreiche Tipps und Hinweise, was Risiken angeht und wie man sie minimiert. Hier seine Zusammenfassung mit den wichtigsten Fakten:

Alle Fakten übers Fisten auf einen Blick:

- Das Anoderm (die Haut rund um die Rosette bis etwa 5 cm in den Analkanal hinein) verfügt über die höchste Nervendichte des menschlichen Körpers und ist damit das sensibelste Stück Haut.
- Diese Nerven sind Seitenäste der Nervenstränge, die auch den Schwanz steuern.
- Der Schließmuskel ist - fachgemäß und vorsichtig bearbeitet - sehr weit dehnbar. Wie weit, das ist individuell verschieden.
- Durch fachgerechte Dehnung nimmt der Anus keinen Schaden.

Die häufigsten Gründe, warum Fister den Proktologen aufsuchen:

- Es wurde ohne Handschuhe gefistet.
- Nägel oder Hornhaut haben den Analkanal verletzt.
- Der Darm wurde wegen einer Nagelbettentzündung mit Streptokokken oder Staphylokokken infiziert.
- Der Schließmuskel wurde zu schnell und/oder zu weit gedehnt. Es kommt zu Rissen (sogenannten Fissuren), die chronisch werden und zu Nervenschädigungen führen.

Wenn du Folgendes beachtest, reduzierst du das
Ansteckungs- und Verletzungsrisiko auf ein Minimum:

- Spüle schonend vor dem Fisten.
- Benutze immer Handschuhe.
- Verwende ausreichend Gleitmittel.
- Immer wieder nachlegen.
- Dehne die Rosette langsam und vorsichtig.
- Sei auch in der Tiefe achtsam.
- Stecke niemals den Schwanz ungeschützt in einen gefisteten Hintern.
- Spüle danach sanft.
- Trage nach dem Fisten eine pflegende Salbe auf den Anus auf.

Dehnungsspiele mit mehreren Fingern bis hin zum Handrücken. Das kann schon jede Menge Lust bringen und ist bereits ein Element, das mit dem Fisten vergleichbar ist. Auch beide Hände können zum Einsatz kommen, abwechselnd oder mit Fingern von beiden Seiten.
Die Hand ist drin und arbeitet sich langsam vor, soweit es geht, also der Partner es zulässt. Damit lässt sich viel anfangen, denn so eine Hand lässt sich spreizen, drehen und vorsichtig zur Faust ballen.
Die Hand gleitet rein und raus, lässt sich weiter hoch in den Kerl schieben und auch zur Faust ballen. *Punching* und Fisten bis zum Ellbogen sind das Ergebnis von viel Übung.

▼ Fuß-Erotik

Zu diesem Bereich gehört auch das erotische Spiel mit Strümpfen, Stiefeln, Sneakern oder was schwule Männer sonst so an Fußbekleidung sexy finden können. Die Füße und Schuhe, mit denen ein Mann durchs Leben geht, haben vor allem Symbolkraft. Ob du sie nur zärtlich liebkosen oder auch von ihnen getreten werden willst, wirst du selbst wissen. Oder herausfinden.

Stundenlanges Lecken ist natürlich was für Spezialisten, aber ein kurzzeitiges Miteinbeziehen beim Sex darf schon mal drin sein. Damit der Kerl, dem du an die Schuhe gehst, auch was davon hat, musst du entweder deine Zunge spürbar machen – also nicht so zaghaft! – oder sehen und hören lassen, was du da tust. Sind die Schuhe aus, erfreust du dich entweder am Geruch von deren Innenseite, oder du wendest dich den bestrumpften Mauken zu. Füße sind in der Regel kitzlig und nicht an zärtliche Behandlungen gewöhnt. Das zeigt sich auch schon beim Bespielen eines bekleideten Fußes. Besonders die Fußsohlen sind sehr reizempfänglich. Jeder Atemhauch oder Zungenschlag kann ein Kichern hervorrufen, aber gegen Spaß beim Sex ist ja auch nichts zu sagen. Bei Profis wird eher wohlig gestöhnt als gekichert, das versteht sich von selbst.

Vielleicht ist die Beschäftigung mit den Schuhen, Strümpfen oder Füßen auch ein wichtiges Element in eurer Session. Dem Dom be-

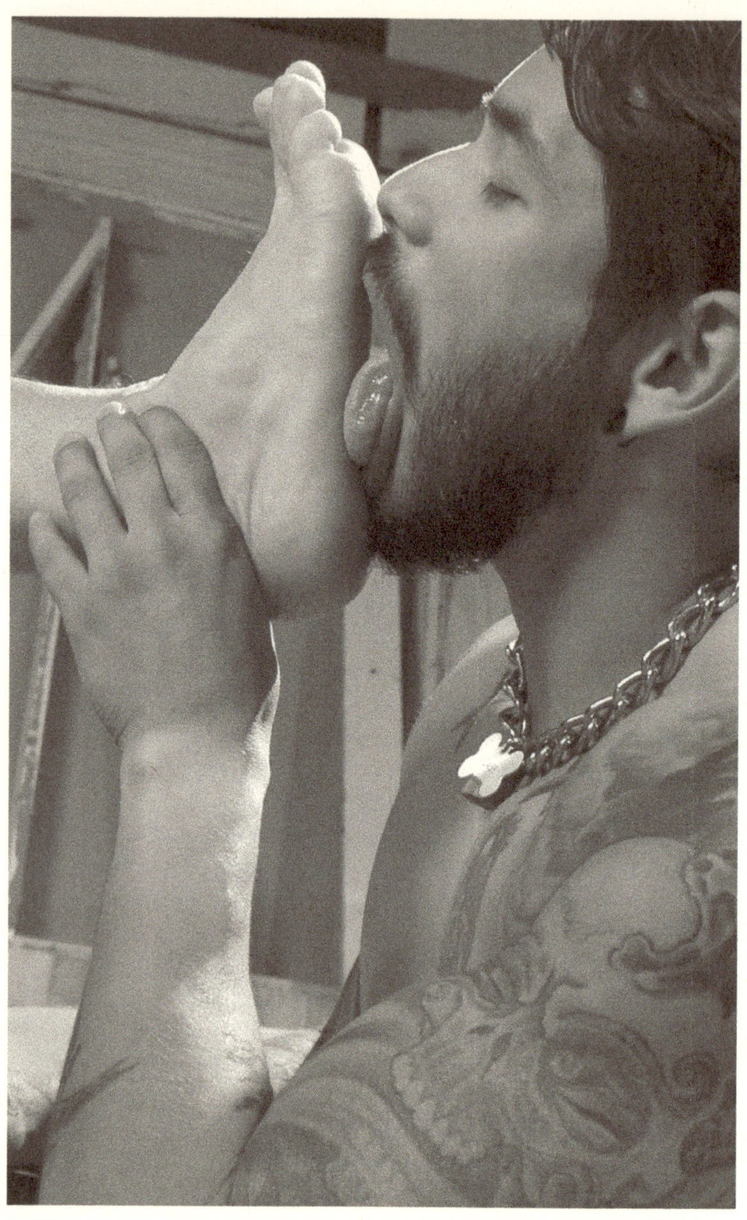

schert das dann eine Entspannungspause, während sich der Sub um die unteren Extremitäten kümmert. Stiefel zu polieren kann zum Beispiel mit entsprechender Hingabe ein hübscher und zudem zweckmäßiger Zeitvertreib sein. Wer dabei echten Ehrgeiz entwickelt, bringt es vielleicht zum *International Mr. Bootblack*. Der Wettbewerb dazu wird alljährlich im Rahmen des *International Mr. Leather Contest* ausgetragen.

Mit viel Übung wirst du vielleicht der nächste Mr. Bootblack.

Ansonsten sind Lecken und Polieren von Schuhwerk eher von symbolischem Wert für den Träger desselben. »Jemandem die Stiefel lecken«, das steht ja schon sprichwörtlich für Erniedrigung. Also demonstriert der Sub so seine Unterwerfung, und das lässt auf seine Rolle in dieser Konstellation schließen. Sensorische Reize vermittelt die Prozedur kaum, weil Zunge und Lippen in der Regel durch das Material des Schuhs ausgebremst werden. Interessanter wird es bei Hautkontakt, also wenn die Schuhe und Strümpfe weg sind. Falls du also in den Genuss kommst, an den Füßen verwöhnt zu werden, wirst du schnell merken, dass von den Fußsohlen sehr viele Nervenbahnen ins Gehirn laufen. Sie melden die kleinste Berührung, vergleichbar mit denen von Hand und Fingern. Doch weil damit jeden Tag unzählige Dinge berührt werden, sind die nicht so empfindlich wie Füße.

Auch die Hände dürfen zum Einsatz kommen und sich an einer Fußreflexzonenmassage versuchen. Wie bei einer Akupressur am besten mit der Daumenkuppe die Mitte des zu massierenden Punktes drücken und dann mit kreisenden Bewegungen bearbeiten. Bei dieser Technik kann nicht viel schiefgehen. Manche Therapeuten schwören sogar darauf, dass der Fuß in Wechselbeziehung zum ganzen Körper steht. Demnach ist es möglich, über die Massage der entsprechenden Fußreflexzone auf das jeweilige Organ oder die Körperstelle positiv einzuwirken und sogar das Immunsystem anzuregen, es also positiv zu beeinflussen und so Erkrankungen zu lindern. Muskelverspannungen können gelöst, Schmerzen gemildert werden, der Schlaf ist besser, und die Blutzirkulation wird angeregt.

Fußmassagen sind auch für den Dom nützlich. Mal die Füße deines Partners in die Hände nehmen, während du sein Loch benutzt. Sind sie nackt, kann auch hier eine kleine Druckpunktmassage geilen Reiz vermitteln. Große Zehen und der Bereich vor der Ferse bieten sich zur Stimulation an, Hirn und Arsch sozusagen. Zudem fördert der feste Griff an die Außenachsen beider Füße ein besseres Bewusstsein, was du da gerade in der Mitte mit deinem Rührstab vollführst.

Nackte Sohlen sind auch für Schläge empfänglich, und auch hier ist eine punktgenaue Landung auf den entsprechenden Zonen sicher interessant. Das geht natürlich nur mit Rohrstock oder Gerte, denn mit der Peitsche wird es wohl eher einen zufälligen Gruß an das korrelierende Organ der getroffenen Stelle geben. Was soll's, auch gut!

◡ Lecken, streicheln, sanft massieren.
◡ ◡ An den Zehen knabbern, leichte Bisse, *Trampling* (d.h. sich auf den Partner stellen oder vorsichtig über seinen Körper laufen).
◡ ◡ ◡ Schläge auf die Fußsohle, Tritte.

▼ *Dirty Sex*

Diese Spielart ist wie alle hier gelisteten optional. Und so manches wüste Dreckschwein passt bei dem Thema, während der eine oder andere unschuldig wirkende Schönling komplett darin aufgeht. Dreck, Matsch, Spucke, Schweiß, Rotze, Pisse und Scheiße und was es sonst noch so an Ferkeleien gibt, das kann bei schwulem Sex alles schon mal ungewollt mitmischen. Auch (leicht) verschmutzte Klamotten sind keinem wirklich fremd. *Dirty* wird's erst, wenn aus der vermeintlichen Panne eine Kunst gemacht wird. Die muss dann natürlich Lust bringen, und zwar möglichst beiden Partnern. Ob die schlichte Trennung bei Gayromeo in »Ja«, »Nein« oder »Ja, aber nur NS« (NS = Natursekt) als Info ausreicht, wenn man sich die mögliche Palette des *Dirty Sex* ansieht, ist fraglich. Aber für weitere spezielle Vorlieben gibt es immerhin den Profiltext.

Eine gewisse Feierlichkeit bei den entsprechenden Aktionen hebt den geilen Schweinkram in gewollt spirituelle Höhen. An der verschwitzen Achsel des Partners mit Inbrunst schnüffeln verpasst dir eine ordentliche Dosis Hormone. Der Vergleich mit Tieren oder »tierisch« geilem Sex lässt sich heranziehen, wenn so schamlos den Körperfunktionen nachgegeben wird. Zum Beispiel beim Pissen:

Nach dem ersten Strahl – die untere Harnröhre enthält Keime – ist Pisse bei gesunden Menschen keimfrei. Alkohol, Tee oder Kaffee wirken harntreibend, aber am Ende bestimmt die getrunkene Menge die Farbe, den Geruch und den Geschmack des Urins – und natürlich, wie viel sich in der Harnblase sammelt. Frisch gezapft riecht er so ähnlich wie Brühe, abgestanden entwickelt sich Ammoniak.

Spielzeug für Einläufe und Trichter mit oder ohne Gesichtsmaske gibt es jede Menge im Fachhandel. Aber auch hierzu lohnt sich eine Besichtigung des Sortiments von Baumärkten. Schläuche, Rohre und zur geilen Sauerei passende Kleidung lassen vielleicht schon den einen oder anderen Film im Geist ablaufen. Und in der Sanitärabteilung gibt es schon für kleines Geld Pissoirs, Badewannen oder Kloschüsseln zu kaufen, die im Spielzimmer ihren Platz finden können. Die »Sklaventoilette«, eine Klobrille auf vier Beinen, erlaubt dem Sub, unter den Arsch des sitzenden Partners zu kriechen und – wenn das Ding richtig eingestellt ist – bequem ausgiebigste Leckdienste zu verrichten. Da bietet sich eine Perspektive auf die Dinge, wie sie mit der normalen Schüssel nicht denkbar ist.

Auch wenn der Dom sich davorstellt und die Pisse laufen lässt, verleiht die Brille dem Anblick von unten einen durchaus reizvollen Rahmen. Eine Pissrinne lässt sich mit etwas handwerklichem Geschick ebenfalls nach Belieben aus halbfertigen Teilen zusammenbauen. Und statt dem üblichen Siphon unterm Pissoir kann ein Schlauch mittels Schraubgewinde helfen, die aufgefangene Pisse aufs gewünschte Ziel zu lenken. Das ist natürlich schon mit einigem Aufwand verbunden. Aber Pissspiele funktionieren ja auch mal ganz spontan.

Bei einem Cruising-Abenteuer war ich mit einem Burschen zugange, der ziemlich geil auf Spucke war. Richtig saftig waren unsere Küsse. Das schien mir ein Wink in Richtung »Natursekt« zu sein, und ich schickte einen Probestrahl auf seinen steifen Schwanz, worauf er völlig abging – »Ist das geil, ist das geil!« – und zu meiner

Überraschung auch sofort abspritzte. Ich musste lachen und meinte bedauernd: »Schade.« Seine Antwort in erstauntem Tonfall (seinen Gesichtsausdruck konnte ich nicht sehen, es war ziemlich dunkel): »Wieso, du bist doch auch gekommen.« Nun war es an mir, zu staunen. Als ich erklärte, dass das nur Pisse gewesen war, schüttelte sich der Kerl angewidert und schimpfte drauflos. Ich fand's irgendwie lustig.

Beim *Dirty Sex* immer im Hinterkopf behalten solltest du: Je dreckiger es wird, desto höher die gesundheitlichen Risiken. Sind Spucke, Schweiß oder frische Pisse im Regelfall unbedenklich, kann es bei Spielen mit Scheiße – auch gern als *Scat* bezeichnet – zu Infektionen kommen. Natürlich hängt das auch davon ab, wo das Zeug überall landet.

Wo die Schmerz- oder Schmutzgrenze erreicht ist, ist bei dem weiten Feld jedermanns eigene Sache. Männer sind ganz gerne Schweine. Und Tabubrüche machen Spaß. Versiffte Klamotten, ungewaschen seit ... Tagen? Dreckige Schuhe, Matschspiele in- oder outdoor, vollgespritzte Kondome, Eiswürfel aus Pisse oder Sperma, eingefrorene Scheiße ... Den Möglichkeiten sind kaum Grenzen gesetzt.

In Bayern gibt es ein Sprichwort: »Wer's mog, für den is 's Höchste.« So ist das wohl. Dazu fällt mir noch eine kleine Anekdote mit Tommy aus dem Ochsengarten in München ein. Ich erzählte ihm von einem Typen, der eingetragene Socken von mir geschickt haben wollte. Trotz Vakuumverpackung war der Empfänger ziemlich enttäuscht. »Wie lange hast du denn die Dinger getragen?«, fragte Tommy. Nach meiner Antwort – »Eine Woche.« – lachte er lauthals heraus. »Das ist doch gar nichts«, klärte er mich auf. »Kennst du nicht den Spruch: ›Ich hab mir neue Socken kaufen müssen. Meine alten sind zerbrochen‹?« Oje ...

◡ Verschwitzte Klamotten, Spucke, frischer Schweiß.
◡◡ Frische Pisse, eingepisste Klamotten, eingetragene Unterhosen und Socken, verdreckte Klamotten.
◡◡◡ Scheiße, Siffklamotten, abgelagerte Körperprodukte aller Art

▼ Tittentrimm *(Tit Play)*

An den Brustwarzen zeigt sich gut, wie nahe Schmerz und Lust beieinanderliegen können. Viele Männer brauchen einige Zeit, bis sie entdecken, dass die Nippel eine höchst erogene Zone sind. Es fühlt sich geil an, sie zu streicheln oder sanft daran zu ziehen. Zu zweit macht das natürlich noch viel mehr Spaß. Du kannst deinem Partner tief in die Augen blicken und siehst genau, ob du etwas zulegen

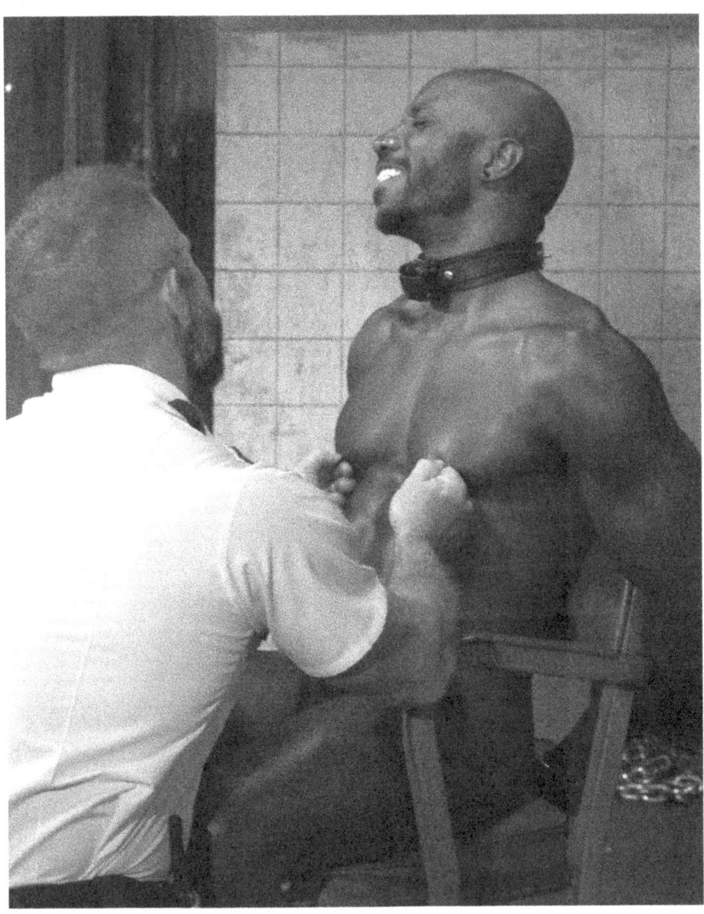

sollst, oder ob es doch schon zu viel war. Das spannende Spiel der Gratwanderung zwischen Schmerz und Lust lässt sich an den Brustwarzen besonders leicht ausprobieren. Es darf geleckt, geknabbert und auch leicht gebissen werden. Wenn klar ist, dass die Nippel belastbar sind, sind auch Hilfsmittel erlaubt. Eine erste Steigerung zum Griff mit bloßen Fingern ist ein Stückchen Küchenrolle oder Klopapier. Das saugfähige Material erhöht die Reibung und verhindert das Abrutschen, denn Schweiß oder Gleitgel können richtige Nippelspielverderber sein. Einen anderen Reiz bringen Plastikfolie – etwa die Außenhülle einer Zigarettenpackung – oder Alufolie. Auch damit klappt das Zwirbeln besser als mit schmierigen Fingern.

Preiswerten Spaß bieten stinknormale hölzerne Wäscheklammern. Sie sind einfach zu handhaben: aufsetzen, loslassen, zupfen, ziehen. Der untere Ansatz der Brustwarze ist meist weniger empfindlich als die Spitze, darum am besten erst mal dort anklemmen. Allerdings kommt es auf die Anatomie des Nippels an, ob überhaupt ein Andocken möglich ist. Manche sind einfach nicht zu packen.

Um die Sensibilität von selbst kleinsten Brustwarzen anzuspielen, müssen andere Mittel ran. Wachs oder Chiliöl oder eine wärmende Salbe bringen vielleicht eher Wirkung als der stundenlange Versuch, an den Minidingern herumzuzupfen. Eine harte Bürste (Zahnbürste?) kann ebenfalls stimulieren, und vorher, nachher oder zwischendurch ist Eis immer ein Garant für eine Nippel-Reaktion.

Fortgeschrittene greifen für den Tittentrimm zu speziellen Klammern aus dem Sexshop. Die können in verschiedenen Zugstärken und Größen ganz nach dem individuellen Geschmack gewählt werden.

Spätestens nach zwanzig Minuten sollten die Dinger mal entfernt werden, um Blutergüsse zu vermeiden. Das Entfernen der Klammern sollte mit genau derselben Vorsicht wie das Anbringen vor sich gehen, denn das Gewebe ist durch den Druck sehr empfindlich. Das Blut beginnt wieder zu zirkulieren, und das kann schmerzhafter sein als das Abklemmen. Auch danach bleibt die Stelle extrem sensibel, darum die Nummer nicht gleich danach abbrechen, sondern die Nachwirkung genießen. Selbst ein leichter Reiz genügt jetzt, um einen Schauer durch den Körper zu jagen.

Sanftes Zwirbeln, Lecken, Knabbern, Eiswürfel.
Beißen, Wachsen, heftiges Ziehen.
Klammern, Schläge.

▼ *Cock and Ball Torture* (CBT, Schwanz- und Eierfolter)

Schwanz und Eier sind bekanntermaßen sehr schmerzempfindliche Körperteile. Davon kann jeder ein Lied singen, der zum Beispiel schon mal einen Fußball in die Weichteile bekommen hat. Eben weil sie so empfindsam sind, kann es sehr erregend sein, sie gezielt zu traktieren. Es muss ja nicht gleich die harte Nummer mit Abschnüren oder gar Nadeln sein. Ein leichter Druck mit der Hand auf die Eier oder sogar das stundenlange sanfte Streicheln des erigierten Penis können den Mann, der dranhängt, zu schierer Ekstase bringen, indem er immer kurz vorm Orgasmus gehalten wird. Die Versagung des Höhepunkts kann lustvolle Qual bedeuten.

Aber es geht auch ohne Hände, die man ja vielleicht für andere Tätigkeiten braucht. Allerlei Spielzeug zu dem Thema wird im Sexhandel angeboten. Cockringe gehören auch dazu. Am weitesten verbreitet sind wohl die Einteiler. Mit Recht. Die komplizierten und kostspieligen Schraubvarianten eignen sich eher für Feinmechaniker. Ansonsten ist das Gefummel mit den Inbusschrauben – je nach Erregungsgrad und Schmiermittelgebrauch – ziemlich nervtötend. Daher rate ich lieber zu Lederbändchen oder ähnlich simplen Hilfsmitteln wie Gummicockringen oder solchen, die durch Druckknöpfe verstellbar sind.

Hauptsächlicher Zweck der Sache ist es, das Blut in den Schwellkörpern zu halten. Sind sie erst mal vollgepumpt, bleibt das durch Abbinden auch so. Dabei muss natürlich ein gewisser Zulauf möglich bleiben, also nicht zu fest zubinden bzw. den Cockring zu eng wählen. In der Regel funktioniert aber das Hochpumpen selbst bei strammem Sitz, während der Abfluss gebremst wird. Dass die Strangulierung nicht über Stunden gehen sollte, versteht sich von selbst, denn der Schwanz soll auch mal wieder durchatmen können, sonst fällt er ab (kleiner Scherz, aber ihr wisst schon, was ich meine). Spätestens wenn Schmerzen auftreten, sollten Cockring oder Bändchen weg. Falls es – besonders bei Metallcockringen – nicht klappen will, helfen kaltes Wasser und sexfeindliche Gedanken, eventuell auch noch Gleitmittel dazunehmen. Bei dauerhaften Schmerzen, Schwellungen und eventuell auch einer Rötung des Hodensacks sollte in jedem Fall sofort ein Arzt aufgesucht werden.

Zurück zu den lustvollen Dingen des Lebens: Den Schwanz direkt an der Wurzel und mitsamt den Eiern abzubinden, ist der übliche Weg, die Kronjuwelen gut bespielbar zu machen. Selbstverständlich geht auch entweder nur Schwanz oder nur Eier. In jedem Fall können an Band oder Ring auch Gewichte befestigt werden, die je nach Belastbarkeit und Übung bis zu zwei Kilo wiegen dürfen. Von mehr wird dringend abgeraten! Aber schon 200 Gramm, die zwischen den Beinen baumeln, reichen, um dem Mann seine empfindlichsten Teile ins Bewusstsein zu rücken. Klarer Vorteil von Slings: Der Kerl liegt mit gespreizten Beinen drin. Da hängen die Glocken mitsamt ihren Gewichten nach unten, die Strippen, an denen sie befestigt sind, klemmen sich in die Ritze. Die Rosette wird mit bespielt, das macht das Gefühl für die Öffnung noch intensiver: Einfach die Strippen auseinanderziehen und mitten rein in die Zwölf ficken. Auch deinem Schwanz wird die leichte Reibung an den stramm nach unten gezogenen Strippen gefallen, besonders wenn die Gewichte zu schwingen anfangen.

Schon ein leichter Druck auf die Eier kann deinen Partner zur Ekstase bringen.

Ein ähnliches Gefühl kann im Stehen zustande kommen, wenn du das Bändchen, mit dem Schwanz und Sack des Partners geschnürt sind, nach hinten durch die Ritze und hinterm Rücken stramm ziehst. Dann noch mit dem Schwanz das Loch zwischen den Strippen finden – und eintauchen. Bei jedem Stoß kann das Bändchen ein bisschen angezogen werden. Das verstärkt die Seitenreibung am Schwanz und sorgt zusätzlich für rhythmischen Zug in den Eiern des Partners. Eventuelle Gewichte müssen dann separat befestigt werden. Den Erwerb eines zweiten Bandes sollte man also durchaus erwägen. Da die Dinger im Handel nicht mehr als drei Euro kosten, lässt sich die Ausgabe verkraften.

Klammern: Sack und Schwanz können auch mit Klammern bespielt werden. Ansatzstellen am Schwanz zeigen sich bei näherer Betrachtung desselben ganz von alleine. Für einen Testlauf reichen auch hier schnöde Wäscheklammern. Das Ganze auszuprobieren, ist relativ ungefährlich, darum einfach mal testen, wo die Wäscheklammer hält und guttut. Ansonsten sind die Klammern dieselben wie beim Tittentrimm im vorigen Kapitel.

Da Haare meistens stören bei den Aktionen rund um Schwanz und Sack, empfiehlt es sich, diese zu entfernen, wenn CBT dein Thema ist. Nach wie vor ist hierfür die Nassrasur der Klassiker. Egal ob du es bei dir selbst oder deinem Partner machst, längere Haare sollten zuerst gekürzt werden. Erst dann die Klinge ansetzen, und die muss richtig scharf sein. Nach dem Abwasch rate ich dazu, Babypuder auf der gereizten Haustelle zu verteilen statt Öl oder Creme. Das beruhigt die Haut und stillt kleinste Blutungen. Zur Desinfektion kann statt Rasierwasser auch mal ein Schuss Pisse herhalten. Brennt genauso, aber riecht nicht so penetrant. Es sei denn, du hast vorher Spargel gegessen.

Dilatatoren: So ein Schwanz hat auch ein Loch, und der Spieltrieb drängt Männer manchmal dazu, auch dieses zu stopfen. Aber womit? Es ist ja so klein und eng! Die Öffnung in der Eichelspitze – eigentlich mehr ein Schlitz, aber lassen wir die unappetitliche Wortklauberei – lässt sich dehnen, und darum können sogenannte Dilatatoren eingeführt werden: aus Edelstahl geformte dünne, dicke, glatte, geriffelte oder auch – aua! – gekerbte Stängelchen, die in der Medizin zur Dehnung von allen möglichen Löchern gebraucht werden. Oder eben um sie vorsichtig und tief, mit ausreichend Schmiermittel versorgt, in die Harnröhre zu schieben. Das geht leichter, wenn der Schwanz zumindest ein bisschen erigiert ist. Wenn er richtig hart ist, klappt es am besten. Dann gleitet das relativ gewichtige Metallteil nach und nach tiefer, und der Schwanz fühlt sich irgendwie ... »gestützt« an. Je nach gewähltem Durchmesser muss eventuell ein anfänglicher

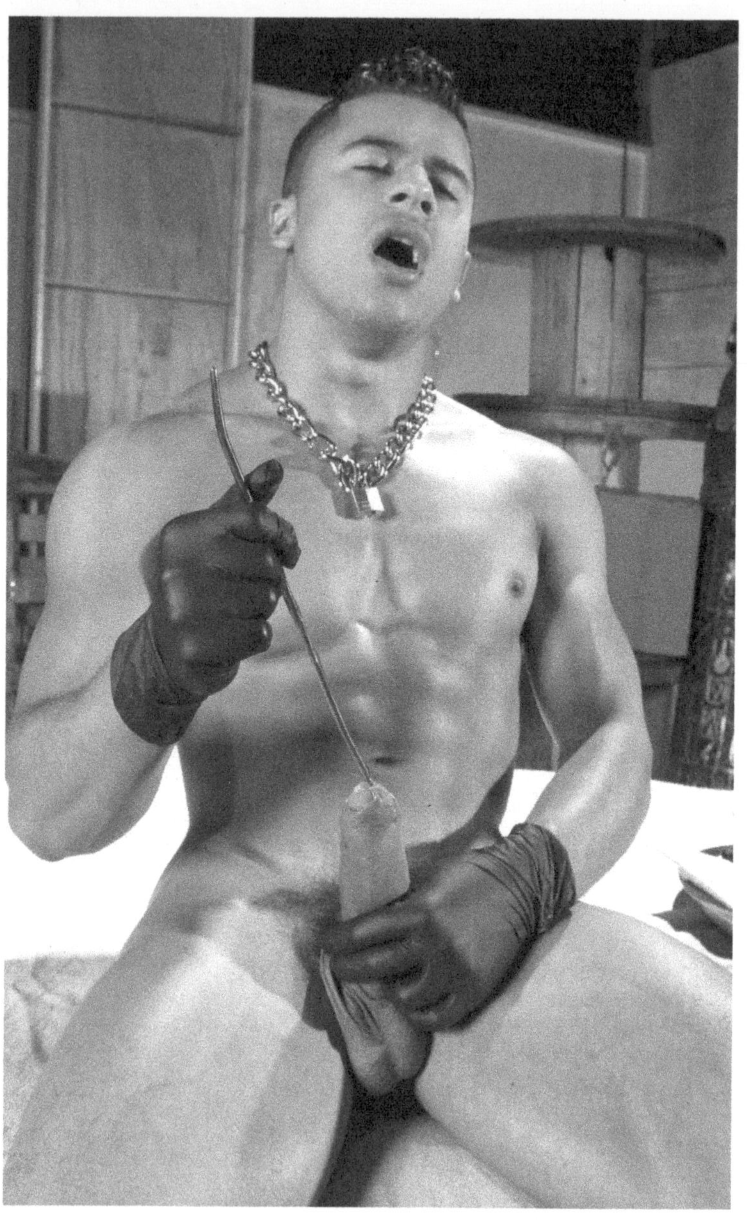

Schmerz überwunden werden, der sich legt, sobald sich das Gewebe entspannt hat. Brutale Penetration führt natürlich zu Verletzungen, darum sollte der Vorgang einfühlsam vonstatten gehen. Außerdem muss beachtet werden, dass der Stab nicht in die Blase abrutscht, was aber nur durch wirklich grobe Handhabung passieren kann. Es sei denn, du hast für eine XXL-Pissröhre einen Ministab gewählt, aber dann solltest du schon beim Einstieg bemerken, dass du ein paar Nummern größer wählen musst.

Die Eier sanft drücken, das allein kann schon ein unerwünschter Übergriff sein. Wenn der Vorgang entspannt passiert, kann der Gedanke an die Auslieferung der empfindlichsten Teile sehr erregend sein. Da muss gar nicht mehr passieren. Den erigierten Schwanz eines gefesselten Partners durch Streicheln zu reizen, kann ebenfalls schon fast als Folter empfunden werden.

Wenn Schwanz und Eier abgebunden werden, bietet sich ein Spiel mit den Teilen an. Leichtes Ziehen, Wachsen, vielleicht auch der ein oder andere Klaps.

Gewichte an den Eiern, gezielte Schläge auf den Schwanz, das Einführen von Dilatatoren, Klammern – das sind Elemente, deren Einsatz voraussetzt, dass die Partner wissen, worauf sie sich einlassen.

▼ Nadeln und *Cutting*

Gleich vorab: Dieser Bereich liegt außerhalb meiner Erfahrungen. Trotzdem sollte er mit erfasst werden, denn auch diese Praktiken zählen zum SM. Dass hier ganz klar ein gefährlicher Eingriff in den Körper vollzogen wird, ist logisch. Darum muss jeder selbst erwägen, ob er diese Praktiken mit ins Programm nimmt oder lieber sein lässt. Weil Blutungen dabei kaum zu vermeiden sind, ist die Gefahr von ernsthaften Verletzungen und Blutvergiftungen gegeben. Äußerste Hygiene und medizinische Kenntnisse sind Grundvoraussetzung!

Desinfektion und Einweghandschuhe sind hier absolut angebracht.

Wenn Nadeln zum Einsatz kommen sollen, dann am besten medizinische Nadeln, die zuvor mit Alkohol gereinigt werden – erhältlich z.B. im Internethandel (Amazon). Gestochen werden sollte nur in die Haut. Das schmerzt mäßig und verursacht keine weiteren Schäden. Ein Stich in die Schwellkörper am Schwanz oder direkt durch die Nippel muss vermieden werden. Sie sind sehr stark durchblutet und darum gibt es spätestens beim Entfernen der Nadeln eine ziemliche Sauerei. Beim Einsatz von Nadeln ist auch darauf zu achten, dass die malträtierte Körperstelle vor ungewollten oder flüchtigen Berührungen geschützt bleibt. Am besten also dieses Element gesondert in die Session einbinden, damit Unfälle vermieden werden.

Desinfektion und Einweghandschuhe sind hier ein absolutes Muss!

Dasselbe gilt für Cutting, also Schnitte mit einem Skalpell oder Messer. Auch hier gilt: Absolute Hygiene beachten! Sobald außer der Haut auch Muskelgewebe verletzt wird, können bleibende Schäden die Folge sein.

An dieser Stelle gibt es keine Einsteigertipps, weil alles an dem Thema gefährlich ist.

▼ *Breath Control* (Atemkontrolle)

Bei dieser Praktik wird die Atmung des passiven Partners erschwert oder für kurze Zeiträume sogar gänzlich unterbunden. Das ist gefährlich, darum gehört die Aktion zu den extremsten Praktiken des BDSM. Innerhalb der Subkultur ist man sich nicht einig, ob sie überhaupt noch im Bereich des SSC-Konzepts (*safe, sane and consensual*) liegt. Der Grund, warum Atemkontrolle trotzdem als Element ins Sexspiel mit eingebunden wird, ist, dass sich verschiedene Reaktionen erzeugen lassen. Zum ruhigen, tiefen Ein- und Ausatmen gebracht, wird der Körper quasi zur Beruhigung gezwungen. Das kann bei Panikattacken und Anfällen von Übelkeit helfen. Wenn die

Atmung eingeschränkt wird, kommt es zu einer Unterversorgung mit Sauerstoff und erhöhtem Kohlendioxidgehalt im Blut. Im Gegenzug wird Adrenalin ausgeschüttet, was unter anderem die Senkung der Reizschwelle und die Mobilisierung von Kraftreserven zur Folge hat. Die Ausführung dieser Spielart verlangt Kenntnisse, die man sich nicht von jetzt auf gleich aneignen kann. Todesfälle bei Selbstversuchen, also autoerotischen Nummern, sind leider traurige Realität. Etwa weil sich jemand alleine einen Gürtel um den Hals oder eine Plastiktüte über den Kopf zieht, um einen heftigeren Orgasmus zu erleben. Das Zuhalten von Mund und Nase reicht schon, um das Gefühl zu vermitteln, wie es ist, wenn einem der lebenswichtige Atem versagt wird. Ob tatsächlich ein Unterdruck entsteht, wenn man dem Kerl, der einem gerade den Schwanz bläst, die Nase zuhält, weiß ich nicht. Der Bläser jedenfalls wird an den Rand seiner Leistungsfähigkeit gebracht. Das muss man schon mögen.

Für das Tragen von speziellen Masken fehlt meistens eine Gebrauchsanweisung. Die mit Ventilen, Schnorcheln und Knebelklappen ausgestatteten Teile sind Profis vorbehalten. Tief Luft holen und dann abtauchen? Ich weiß nicht ... Ähnlich kritisch sehe ich Methoden wie den Kopf ins Wasser zu tauchen oder das Würgen der Kehle. Der Grat zwischen Lust und Bewusstlosigkeit ist hier in jedem Fall sehr schmal. Man muss schon über sehr gute anatomische, physiologische oder gar medizinische Kenntnisse verfügen, um die Sicherheit des passiven Partners sicherzustellen. Bei Atemwegserkrankungen wie Asthma oder sogar schon einem leichten Schnupfen sollte man ohnehin die Finger von den Atemspielchen lassen.

SM? ABER SICHER!

Was du sonst noch wissen musst

▼ Was läuft ab beim Schmerzempfinden?

Schmerz ist beim Sex eigentlich immer dabei. Meistens ohne bemerkt zu werden, denn die Sinne sind mit ganz anderen Reizen beschäftigt. Schmerz ist eine komplexe subjektive Sinneswahrnehmung. Er kann von unangenehm bis unerträglich empfunden werden. Wie schon weiter vorne im Buch beschrieben, ist es die Kombination von körperlichen Abläufen und Emotionen, die die Intensität ausmacht, in der du den Schmerz fühlst. Auch die Schmerzschwelle, also ab wann man etwas als Schmerz empfindet und nicht nur als Druck oder unangenehmen Reiz, ist sehr individuell.

Angeblich haben Rothaarige ein anderes Schmerzempfinden als Menschen mit anderen Haarfarben. Sie sollen auf mechanische Reize, etwa Drücken oder Piksen, weniger empfindlich reagieren, aber stärker auf Hitze oder Kälte. Darum forscht man an besonderen Behandlungsmethoden für rothaarige Schmerzpatienten. Vielleicht klärt sich dann auch auf, wieso und wie ein Gen für die Farbstoffproduktion das Schmerzgeschehen beeinflusst.

Schmerz ist eine komplexe subjektive Sinneswahrnehmung.

Sich fühlen ist etwas Essenzielles und kann sehr schön sein. Schmerz fühlen wir meistens unverhofft. Es passiert ganz plötzlich: Ein Stoß am Knie, die Haare irgendwo eingeklemmt, Liebeskummer, heißer Zorn, tiefe Trauer. Seelischer oder körperlicher Schmerz ist absolut subjektiv. Schmerz macht uns bewusst, dass wir leben. Wenn die Wellen durch den Körper rasen und bestimmte Bereiche von Rückenmark und Gehirn zu glühen beginnen, sind wir im Hier und Jetzt.

Von den Gefühlen überwältigt zu werden, ganz unerwartet, kann uns aber auch aus der Bahn werfen oder zumindest Reaktionen hervorrufen, die wir nicht unter Kontrolle haben.

Gezielt eingesetzt hat das Fühlen von Schmerz eine ganz andere Dimension, kann zum Genuss werden – zum Beispiel während einer SM-Session. Dafür gibt es sicher kein Grundrezept, denn da war ja die Sache mit der Subjektivität, der individuellen Mischung aus Körper und Geist. Aber es kann nicht schaden, einmal ganz objektiv den körperlichen Vorgang des Schmerzempfindens zu betrachten.

Wo fängt er an, der Schmerz? Schmerzrezeptoren, sogenannte Nozizeptoren, sind freie Nervenendigungen und überall auf deiner Haut verteilt, aber auch in den Muskeln, im Bereich der Eingeweide und an weiteren Stellen des Körperinneren. Dicht an dicht. Nur im

Gehirn gibt es sie nicht und merkwürdigerweise auch nicht in der Leber. Diese Rezeptoren reagieren auf verschiedene Arten der Reizung:

- thermische (Hitze, Kälte)
- mechanische (ein Schnitt, starker Druck)
- chemische (zum Beispiel eine Verätzung durch Poppers)

Diese Reize werden von den Nozizeptoren wahrgenommen und gehen in die Nervenfasern über. Die werden in A-delta-Fasern und C-Fasern unterteilt und leiten die Information des Reizes weiter ins Rückenmark. Die C-Fasern sind entwicklungsgeschichtlich älter. Sie lösen im Rückenmark eine Reflexverschaltung aus, die automatisch zu einer Fluchtbewegung führt. Das kann vielleicht nur ein Zucken der Muskeln sein, aber grundsätzlich willst du weg vom Schmerz (der im Moment nur ein Reiz ist). Erst Bruchteile von Sekunden später gelangt die Information über die Nervenfasern zum Thalamus, einem Teil des Zwischenhirns, und weiter zur Großhirnrinde (Cortex). Dort endlich wird er im limbischen System emotional bewertet und als Schmerz bewusst wahrgenommen. Diese Filterprozesse unseres Zentralnervensystems sorgen dafür, dass eine körperliche Schädigung nicht zwangsläufig zur Schmerzempfindung führt. Verletzungen während eines Verkehrsunfalls, eines Wettkampfes oder beim Geschlechtsverkehr werden oft gar nicht bemerkt. Umgekehrt kann Schmerz empfunden werden, ohne dass eine körperliche Schädigung vorliegt: Phantomschmerz, der Schmerz an Gliedern, die amputiert und damit gar nicht mehr physisch vorhanden sind, ist das anschaulichste Beispiel für diese Besonderheit des menschlichen Geistes.

Bei Schmerzen gilt: Übung macht den Sklaven!

Abgesehen von der geistigen Schmerzbremse, gibt es noch einen anderen Vorgang, der uns Schmerzen besser ertragen lässt, sie sogar in Lust umwandelt. Denn während der Verschaltung im Rückenmark kann das Schmerzempfinden durch körpereigene Stoffe, die Endorphine, reduziert werden. Sie regeln Empfindungen wie Schmerz und

Hunger, haben aber auch mit der Produktion von Sexualhormonen zu tun. Und auch für die Entstehung von Euphorie, einer Art Rauschzustand, sollen sie mitverantwortlich sein. Wenn das Rückenmark also richtig in Wallung kommt, senden die dort ansässigen Rezeptoren das Signal zur Ausschüttung dieser sogenannten Glückshormone – und du kannst unheimlich geil werden.

Auch die Ausschüttung des Stresshormons Adrenalin wird bei Schmerzempfinden gesteigert. Das sorgt für die rasche Bereitstellung von Energiereserven. Die Herzfrequenz wird erhöht, die Erregungsleitung beschleunigt und die Reizschwelle gesenkt.

Weil das Ganze ein so komplexer Vorgang ist, wird er im Lauf des Lebens erst nach und nach erlernt: Die genaue Lokalisierung der Stelle, an der der Reiz auftritt, die Bewertung des Gefahrengrades und sogar das Ignorieren ist erlernbar. Dieser Prozess dauert das ganze Leben an. Wiederholt auftretende Schmerzen können zu intensiverem und längerem Schmerzempfinden führen. Die Schmerzschwelle kann durch »Übung« – bewusst oder unbewusst – verändert werden. Es dauert also länger, bis du den Schmerz wahrnimmst, wenn du ihn schon kennst, aber dann – holla, die Waldfee! Dann kann er aus dem Off plötzlich umso heftiger reinhauen.

Routinierte SM-Bottoms können also viel mehr ertragen als Neulinge. Diese Erkenntnis ist wichtig, damit du dich als Aktiver nicht wunderst, wenn sich dein Partner langweilt, während dir schon die Hand wehtut. Oder dass er schon schreit, wenn du grade mal angefangen hast.

Ob du als passiver Partner das regelrechte High der Schmerzen erleben willst, musst du selbst entscheiden. Es kann ausbleiben, obwohl dir alles wehtut, aber es ist durchaus einen Versuch wert. Wenn nicht, kann auch der »gewöhnliche« Schmerz eine Lustkomponente gewinnen. Wie das geht? Da sind wir wieder beim Erwecken, beim Bewusst-machen. Sind die Nozizeptoren mal in Schwung, die Haut gereizt, macht sich vielleicht schon ein brennendes oder heißes Gefühl breit, dann spürst du anschließend jede noch so sanfte Berührung mit einer völlig anderen Intensität als zuvor. Deine Arschbacken, deine Arme, Beine, Füße, Hände, ganz zu schweigen von

Nippeln und Genitalien, sind nach einer entsprechenden Behandlung viel empfindlicher. Jede noch so kleine Streicheleinheit ist dann für das gereizte Gewebe ein deutlich spürbarer Genuss, der dir garantiert den einen oder anderen Seufzer entlockt.

▼ Fit für SM?

Körperliche Fitness ist keine Grundvoraussetzung für guten Sex, aber sicherlich hilfreich. Wichtig ist aber auf alle Fälle, seinen Körper gut zu kennen. Besonders bei Sex mit SM-Elementen wird er ganz schön gefordert, je nach einbezogenen Spielarten bis zur Belastungsgrenze. Das ist manchmal durchaus vergleichbar mit Leistungssport. Vor allem Bondage verlangt einen stabilen Kreislauf und einigermaßen geschmeidige Gelenke und Gliedmaßen. Ein paar Dehn- und Streckübungen zum Aufwärmen vorab schaden also generell nicht. Je nach geplantem Programm sollte vor jeder Session ausreichend gegessen und getrunken werden. Auch zwischendurch immer für genügend Flüssigkeitsaufnahme sorgen. Zu viel zu essen oder zu trinken, kann allerdings ein Völlegefühl, Übelkeit oder lästigen Harndrang zur Folge haben. Auch in diesen Punkten ist es darum nützlich, sich selbst zu kennen, damit Timing, verzehrte Menge und alles Weitere am besten funktionieren.

Besondere Umsicht muss bei Menschen gelten, die an einer internistischen Krankheit leiden, z.B. Diabetes. Alkohol und andere Drogen haben großen Einfluss auf den Kreislauf. Klar, die Hemmungen verlieren und sich fallen lassen können, das geht dann oft leichter. Dafür leidet die körperliche Wahrnehmung: Gequetschte Nerven- oder Blutbahnen spürt man gar nicht oder erst sehr verzögert. Darum muss vor allem nach dem Konsum von Schnaps und Co. immer mal wieder kontrolliert werden, ob Hände oder Füße noch warm, also durchblutet sind. Ob ein

Am wichtigsten ist es, seinen Körper gut zu kennen.

Handdruck als Antwort noch möglich ist, um sicherzustellen, dass nichts taub geworden ist. Also immer mal eine kleine Pause machen, wenn's grad passt, oder eine unauffällige Kontrolle vornehmen. Dabei sind beide Partner verantwortlich, denn in der Regel kann auch der Gefesselte mal prüfen, ob sich irgendwas bei ihm nicht mehr so anfühlt, wie es sollte.

Sollte trotz aller Vorsicht was Ernsteres passieren oder sich trotz Hilfsmaßnahmen und Pausen der Zustand nicht verbessern, bleibt nur der Gang zum Arzt oder die Notrufnummer 112.

▼ Kritische Stellen am menschlichen Körper

Es ist erstaunlich, was so ein Körper aushält, aber das muss ja nicht ausgereizt werden, wenn es um Sex und Lust geht. Zwar ist nicht jeder Mensch gleich belastungsfähig und schmerzempfindlich, dennoch kannst du davon ausgehen: Was dir wehtut, tut auch deinem Partner weh. Deshalb immer mit Bedacht vorgehen und auf den Partner achten. Im Eifer des Gefechts geraten durch die Erregung das Schmerzempfinden und Körpergefühl aus dem Fokus, darum ist eine Kontrolle zwischendurch nie verkehrt. Druckstellen an den fixierten Gelenken, Kribbeln oder Taubheit in den Gliedmaßen, der Schwanz läuft blau an, plötzlicher Schweißausbruch, Hautabschürfung von der Reibung am Seil ... Alle möglichen kleinen Pannen können schnell behoben werden, wenn sie rechtzeitig erkannt werden. Nach der Versorgung und einer kurzen Pause kann es dann meistens weitergehen.

Relativ unproblematisch lassen sich folgende Körperteile beim SM bespielen:

- Gliedmaßen, also Arme und Beine (inklusive der Hände und Füße)
- Rücken
- Brust
- Po

Doch bei anderen Körperpartien gibt es allerhand zu beachten:

Kopf- und Halsbereich sind extrem druckempfindlich (lebenswichtige Arterien!), und selbst leichte Schläge müssen mit größter Vorsicht platziert werden. Zu groß die Gefahr von Brüchen und Hirnschäden. Für Anfänger schon mal gar nichts.

Im Bauch sind lebenswichtige Organe hinter einer – mehr oder weniger – weichen Muskeldecke nur einigermaßen gut geschützt. Auch hier sind Schläge und Tritte gefährlich.

Der Solarplexus, auch Sonnengeflecht genannt, liegt direkt unterhalb der Rippenbögen, überm Bauch. Das sternförmige Nervengewebe steuert die Funktion der inneren Organe. Eine gut trainierte Bauchmuskulatur bildet einen gewissen Schutz, aber ein Schlag oder Tritt führt zu einer (normalerweise zeitlich begrenzten) schlagartigen Atemlähmung. Das passiert, weil das Zwerchfell durch den Schlag gelähmt wird und ein normales Atmen zeitweise nicht möglich ist. Bei schlimmerem Schaden wird es echt gefährlich, weil dort der wichtige Hirnnerv liegt, der lebenswichtige Organe schaltet. Die Folgen können Schwindel, Bewusstlosigkeit, Herzschlagverlangsamung, Atemprobleme oder sogar Atemstillstand sein. Besonders bei kranken Menschen (mit Asthma oder Ähnlichem) kann das durchaus passieren. Dann muss Erste Hilfe (Beatmung) geleistet und der Notarzt (112) geholt werden.

Da die Genitalien bei Männern hauptsächlich außen liegen, sind sie schnell zur Hand. Besonders empfindlich ist die Vorhaut, sofern noch vorhanden. Ein herrliches Spielzeug. Wie am ganzen Körper gilt: Besonders die Stellen, an denen die Haut in Schleimhaut übergeht, bringen bei Stimulation die Geilheit auf Trab. Denn hier ist die Nervendichte besonders hoch. Das Vorhautbändchen, der un-

Bei vielen Körperpartien ist Vorsicht geboten.

tere Eichelrand sowie die Eichel selbst sind schon für kleinste Reize sehr empfänglich.

Das gilt natürlich auch für die Hoden. Es ist erstaunlich, wie belastbar die geilen Nüsse bei manchen Männern sind. Klar, dass auch sie dabei auf die Zähne beißen müssen, aber den Kerl an den Eiern packen, das ist einfach manchmal angesagt. Das geht mal fester, mal lockerer. Aber bei allem Spaß sollte man im Hinterkopf behalten: Wenn die Zieh- und Quetsch-Behandlung zu heftig war, kann es zu einer dauerhaften Schädigung des Hodengewebes und sogar Unfruchtbarkeit kommen.

▼ Hilfe bei kleineren und größeren Katastrophen

Der Fußgurt des Slings war zu fest eingestellt und hat die Haut am Knöchel gequetscht! Den hilflos gefesselten Partner auf dem Teppichboden aus Kunststofffasern zu ficken, war keine gute Idee: Seine Knie sind wundgescheuert! Die Haut brennt tierisch, weil das Seil zu schnell abgezogen wurde!

Für kleinere Verletzungen wie Prellungen, Quetschungen, Schürfwunden oder Seilbrand, aber auch kleine Schnittwunden, sollten immer Pflaster, Desinfektionsmittel und Kühlpads im Haushalt vorhanden sein, wenn du eine SM-Session planst.

Wichtig bei allen Pannen: Ruhe bewahren und auch den Verletzten beruhigen!

▼ Blaue Flecken, rote Striemen und andere Folgen des bunten Treibens

Wenn Blut aus verletzten Gefäßen ins Körpergewebe austritt, zum Beispiel bei einer Quetschung, entsteht ein *Bluterguss*, auch Hämatom oder umgangssprachlich: blauer Fleck. Das Ding kann unterschiedlich stark schmerzen und anschwellen. Die Stelle möglichst sofort kühlen. Dadurch wird nicht nur der Schmerz gelindert, sondern es tritt auch weniger Blut ins Gewebe aus, denn die Blutgefäße ziehen sich durch die Kälte zusammen. Hochlegen hilft gegebenenfalls noch zusätzlich. Später kann dann Heparinsalbe oder Arnikasalbe aufgetragen werden, das wirkt schmerzlindernd und abschwellend. Wenn zum Kühlen Eis verwendet wird, am besten immer ein dünnes Tuch zwischen Haut und Eis legen. Auch Franzbranntwein ist ein probates Mittel gegen die Schwellung. Besteht der Verdacht, dass sich ein Hämatom im Kopf gebildet hat, sollte immer ein Arzt aufgesucht werden.

Wenn Körperteile abgeschnürt werden, Gliedmaßen oder Schwanz zum Beispiel, kann es zu einem *Blutstau* kommen. Anzeichen sind bläuliche Verfärbung der Haut, kühle Haut, Taubheitsgefühle, ein Kribbeln oder Stechen. Bevor sich die Symptome verschlimmern, die Verschnürung lösen und den betroffenen Körperteil sanft massieren. Nach einer Weile müsste sich alles wieder so anfühlen wie immer.

Offene Wunden werden vorm Zupflastern erst mal desinfiziert. Entweder mit einer Lösung und einem sterilen Tuch oder mit einer sterilen Kompresse, die dann mit einer Mullbinde auf der Wunde befestigt wird.

Kleinere *Schürfwunden* sollten unmittelbar nach der Verletzung unter fließendem Wasser gesäubert und dann desinfiziert werden. Danach sollte die Schürfwunde idealerweise an der Luft trocknen. Größere Wunden brauchen intensivere Versorgung und einen Verband, daher in diesem Fall lieber zum Arzt gehen.

Bei Verbrennungen oder auch bei Verletzungen durch Seilbrand sollte die geschädigte Hautregion sofort mit Wasser gekühlt werden. Eine Besprenklung mit kaltem Leitungswasser reicht völlig – Eintauchen in Eiswasser ist gar nicht nötig, sogar im Gegenteil: Die Haut kann sonst unterkühlen.

Wenn vor lauter Geilheit der Blutdruck steigt, kann es, besonders bei Einnahme von blutverdünnenden Medikamenten, plötzlich zu *Nasenbluten* kommen. Kein Grund zur Panik, das sieht meistens schlimmer aus, als es ist. Damit das Blut nicht in die Luftröhre läuft, muss der Kopf nicht zurück, sondern etwas nach vorn geneigt werden. Leichtes Zudrücken der Nase kann helfen, die Blutung zu stoppen, notfalls eine Tamponage aus Klo- oder Küchenpapier drehen. Zusätzlich noch ein kaltes Handtuch in den Nacken, das müsste reichen.

Besonders *Verletzungen im Auge*, etwa durch eine Verätzung mit Poppers oder eine versehentliche Berührung mit der Peitsche, lassen schnell Panik aufkommen, auch wenn vielleicht gar nichts Schlimmes passiert ist. Auf alle Fälle den Verletzten beruhigen. Bei einer Augenverletzung darf der Betroffene nicht die Augen reiben, da dadurch die Gefahr besteht, die Situation zu verschlimmern. Um das betroffene Auge zu schützen und um Augenbewegungen möglichst zu vermeiden, am besten beide Augen bedecken. Das beruhigt das Sehorgan und verhindert weitere Reizungen. Sind Kleinpartikel eingedrungen, sorgt das Auge oft selbst durch vermehrte Tränenbildung für die Entfernung. Funktioniert das nicht, vorsichtig versuchen, den Fremdkörper mit einem sauberen Tuch aus dem Auge zu entfernen. Dabei immer von außen nach innen zur Nase hin wischen.

Sollte das alles nicht klappen, das Auge mit klarem Wasser spülen. Hilft keine der aufgeführten Methoden, verspürt der Betroffene weiterhin ein Brennen im Auge oder andere Beschwerden – ab zu einem Augenarzt. Im Zweifel 112 wählen.

Ein wichtiger Nerv, der Nervus radialis, läuft durch den gesamten Arm. Vor allem im Bereich an der Außenseite des Oberarms zwischen Schultermuskel und Trizeps sollte Druck auf diesen Nerv vermieden werden. Darum solltest du darauf achten, dass Seillagen nicht direkt auf diesem Bereich platziert werden. Dasselbe gilt für die Daumenseite des Handgelenks, wo der Nerv ebenfalls verläuft. Direkter Druck in der Kerbe zwischen Unterarm und Handgelenk sollte vermieden werden. Es könnte sonst zu einer Schädigung kommen, die die sogenannte Fallhand zur Folge hat, wenn auch nur kurzzeitig: Die Hand hängt schlaff herunter, und es ist nicht möglich, die Finger zu strecken. Regelmäßiges Kontrollieren durch Hände- und Gegendruck sowie die sachgemäße Positionierung des Seils verhindern das Risiko eines Zwischenfalls. Um den Druck auf Nerven abzumildern, kann man die Fesselungen etwa an den Hand- oder Fußgelenken auch polstern, etwa durch Schaumstoff oder Handtücher. Sollte es

Wenn du dir unsicher bist: Im Zweifel immer die 112 wählen!

doch einmal zu einer Fallhand kommen, den Arm kühlen (Kühlpad), erhöht lagern und ruhen lassen. Keinen Druck ausüben – also auch keine Massage! –, viel Flüssigkeit trinken und ggf. ein Schmerzmittel einnehmen. Mit Fesselspielen ist dann natürlich erst mal Schluss.

Besonders bei Aktionen, bei denen der Partner im Stehen gefesselt ist, kann es zu *Kreislaufproblemen* kommen. Auch eingeschnürte Gliedmaßen oder zu viel Alkohol oder Poppers können schnell bewirken, dass der Blutdruck absackt. Das Gehirn wird kurzzeitig mit weniger Sauerstoff versorgt, wodurch Schwäche und Benommenheit auftreten. Übliche Anzeichen sind Hautblässe, kalter Schweiß, flaches Atmen, Schwindel, Sehstörungen (»Mir wird schwarz vor den Augen …«) oder verminderte Ansprechbarkeit. Wenn also auf Nachfrage keine Rückmeldung kommt, muss der Gefesselte sofort befreit und hingelegt werden.

Die richtigen Maßnahmen:

- Beine hochlegen
- kühles Handtuch auf die Stirn
- Wasser zu trinken geben
- für frische Luft sorgen

▼ SM und Recht

Gleich ein Satz vorab, damit wir uns alle wieder gut fühlen können. Grundsätzlich gilt: Eine wirksame Einwilligung beseitigt die Rechtswidrigkeit des Handelns und damit die Strafbarkeit.

Damit kommt das »Grundgesetz des BDSM« zum Tragen, nach dem alle Handlungen *safe, sane and consensual* ausgeführt werden. Solange das der Fall ist, sind sie strafrechtlich nicht relevant.

Natürlich folgt trotzdem noch ein großes Aber: Weil im wirklichen Leben nicht immer alle Details bis ins Letzte diskutiert oder gar schriftlich festgehalten werden, kann es im Zweifelsfall natürlich dennoch ganz schön Ärger geben. Am ehesten, wenn einer der beiden Partner aus dem ursprünglich einvernehmlichen Spiel aussteigt, die Grenzen überschritten werden und im Nachhinein Beweisprobleme auftreten, inwieweit eine Einwilligung vorlag. Doch in manchen Fällen kann es selbst mit Einwilligung zu Problemen kommen, schaut man sich §228 StGB an: Wer eine Körperverletzung mit Einwilligung der verletzten Person vornimmt, handelt nur dann rechtswidrig, wenn die Tat trotz der Einwilligung gegen die guten Sitten verstößt.

Was zum Henker sind »gute Sitten«? Ein dehnbarer Begriff, wenn auch vom Gefühl her ganz gut greifbar. Dass in aller Öffentlichkeit herumgevögelt oder sonst was gemacht wird, gehört zum Beispiel nicht dazu. Oder die Einwilligung in eine Verletzungshandlung, deren Folge eine schwere, dauerhafte körperliche Beeinträchtigung ist. Aber auch Sklavenverträge verstoßen gegen die »guten Sitten«. Juristisch gesehen sind sie nichtig.

Mit welchen Straftatbeständen könnte es noch Konflikte geben?

Die wichtigsten Punkte:

- Körperverletzung (§§ 223 - 233 StGB)
- Freiheitsberaubung und Nötigung (§§ 239, 240 StGB)
- sexuelle Nötigung (§ 177 StGB)
- exhibitionistische Handlungen (§ 183 StGB)

Wenn beim SM keine sogenannten »gefährlichen Werkzeuge« benutzt werden, ist der Tatbestand der einfachen Körperverletzung erfüllt. Zu den als gefährlich eingestuften Werkzeugen gehören zum Beispiel Messer, Skalpelle, aber auch Peitschen. Auch aus einer Session hervorgegangene psychische Schäden können unter den Begriff der Körperverletzung fallen.

Das Spiel mit den Elementen des SM bedingt also einiges an Vertrauen, um (juristisch gesehen) einwandfrei sicher zu sein. Es liegt hauptsächlich in der Verantwortung des Dom, dass alles *safe* und *sane* abläuft. Und selbst die Einwilligung des Sub in eine Handlung, die Verletzungsgefahr birgt – also etwa Peitschenhiebe – deckt keine ernsthaften Verletzungen ab, die vielleicht nur aus Fahrlässigkeit passiert sind, also unbeabsichtigt.

Insgesamt gilt natürlich: »Wo kein Kläger, da kein Richter.« Solange also keiner der Partner die Polizei ruft, sind freie Bürger für sich selbst verantwortlich. Sollte allerdings ein Beteiligter ins Krankenhaus oder zum Arzt müssen, ist es wichtig, ob »gefährliche Waffen« zum Einsatz kamen. Denn dann greift wegen gefährlicher Körperverletzung auf alle Fälle die Staatsanwaltschaft ein, jedenfalls in Deutschland.

Wie sieht es in anderen Ländern aus? Ob Spielarten aus dem BDSM rechtliche Relevanz haben, ist unterschiedlich. Praktiken wie Schlagen und Fesseln verletzen normalerweise die Persönlichkeitsrechte, egal ob sie einvernehmlich passieren oder nicht. Der Europäische Ge-

richtshof für Menschenrechte urteilte 1997, dass jeder Staat eigene Gesetze gegen Körperverletzung erlassen darf. In den Niederlanden, in Japan und in den skandinavischen Ländern verhält es sich ähnlich wie in Deutschland. In Österreich gibt es keine gefestigte Rechtslage.

Seit der Verschärfung der entsprechenden Paragraphen des Schweizerischen Strafgesetzbuches 2002 sind in der Schweiz der Besitz von »Gegenständen oder Vorführungen (...), die sexuelle Handlungen mit Gewalttätigkeiten zum Inhalt haben«, strafbar. Dieses Gesetz kommt einer pauschalen Kriminalisierung von Sadomasochisten nahe und erntete deshalb auch Kritik.

Das britische Strafrecht kennt keine Einwilligung in Körperverletzung, darum sind entsprechende Handlungen – auch einvernehmliche – unter Erwachsenen illegal. Auch Bild- und Filmmaterial, das solche Handlungen zeigt, ist verboten. Und das, obwohl besonders London als Weltzentrum der Fetischszene gilt, die viele Berührungspunkte mit der BDSM-Szene zeigt!

In den Vereinigten Staaten, wo gefährliche Waffen quasi omnipräsent sind und der Erwerb von Schusswaffen mitunter sehr einfach ist, verstoßen in einigen Bundesstaaten bekanntlich schon »normale« Sexpraktiken wie Oralverkehr gegen das Gesetz. Von Analsex oder SM ganz zu schweigen. Trotzdem erfreut sich die Fetisch- und SM-Szene großer Beliebtheit und wird auch weitestgehend geduldet.

▼ SSC – *safe, sane and consensual*

Das englische *»safe, sane and consensual«* bedeutet »sicherheitsbewusst, mit gesundem Menschenverstand und einvernehmlich«, oder kürzer: »sicher, vernünftig und einvernehmlich«.

Safe, sane and consensual gilt als Grundprinzip des BDSM.

SSC gilt als Grundprinzip des BDSM und beschreibt eine weitgehend unumstrittene moralische Grundlage in der Subkultur. Damit wird versucht, sich von strafrechtlich relevanter Gewalt abzugrenzen. Sicherheit und Vermeidung von unerwünschten körperlichen und seelischen Schäden stehen nach diesem Prinzip immer über der Befriedigung der Lust. Die Grenzen des sadomasochistischen Spiels sind zwischen den beiden Partnern festlegbar, und es ist allen Beteiligten klar, auf was sie sich einlassen. Obwohl das eigentlich Abmachungen zwischen den Partnern voraussetzt, wird innerhalb der Szene versucht, das Grundprinzip auch bei anonymen Begegnungen so weit wie möglich zu beachten.

▼ RACK – *risk-aware consensual kink*

RACK ist ein jüngeres, alternatives Verhaltensmodell zu SSC. Als *»kink«* bezeichnet man im weiteren Sinne (sexuelle) Handlungen und Gewohnheiten, die von denen der Bevölkerungsmehrheit abweichen. Sich ggf. des Risikos bewusst zu sein und diese Handlungen einvernehmlich auszuleben, fällt unter das Prinzip RACK. Hintergrund der Distanzierung vom SSC-Prinzip ist, dass die Begriffe »sicher« und »vernünftig« nicht besonders leicht zu definieren sind. Deshalb konzentriert sich dieses Prinzip in erster Linie auf die Einvernehmlichkeit aller Handlungen. Weil es bei BDSM-Praktiken immer ein gewisses Risiko gibt, abhängig von vielen, im Vorfeld manchmal unklarer Faktoren, wird das SSC-Konzept von RACK-Praktizierenden mitunter als realitätsfern betrachtet, weil dadurch ein Gefühl falscher Sicherheit entstehen könnte. RACK-Anhängern ist es wichtig, dass alle Risiken bewusst und einvernehmlich eingegangen werden. Dazu gehören auch Praktiken, die nicht mit den Safer-Sex-Regeln der schwulen Community übereinstimmen, also zum Beispiel *Bare*-Sex (ohne Kondome beim Ficken oder Gummihandschuhe beim Fisten) oder Sex nach Drogenkonsum.

▼ SM ist nicht neu – Historisches

Bereits einige der ältesten Keilschrifttafeln der Welt aus dem 3. Jahrtausend vor unserer Zeitrechnung bezeugen Praktiken des BDSM.

Bei Ritualen zu Ehren der Göttin Inanna, auch Ischtar genannt, unterwarfen sich die Sumererkönige der Göttin bzw. deren Priesterin: Cross-Dressing-Transformationen und Rituale voll Schmerz und Ekstase werden erwähnt. Bestrafungen, Stöhnen, Klagen und Gesang führten angeblich zu veränderten Bewusstseinszuständen.

Eines der ältesten grafischen Zeugnisse sadomasochistischer Praktiken stammt aus einem etruskischen Grab in Tarquinia. In der Tomba della Fustigazione (Grab der Züchtigung, Ende des 6. Jahrhunderts v. Chr.) sind zwei Männer dargestellt, wie sie eine Frau beim Liebesspiel mit einer Rute und mit der Hand schlagen.

Und die Römer kannten die Lust am Schmerz auch, das lässt sich im *Satyricon* von Petronius nachlesen, der im 1. Jahrhundert n. Chr. zu Neros Zeiten in deftiger Vulgärsprache ein Sammelsurium von Parodien, Gespenstergeschichten, Liebesbriefen und Pornos verfasst hat. Da wird geliebt, gebumst und gepeitscht, was das Zeug hält.

Natürlich fehlt auch in der »Bibel des Sex«, dem *Kamasutra*, das Thema SM nicht. Entstanden ist das Kultwerk in Indien zwischen 200 und 300 n. Chr. Neben den unzähligen Stellungen werden vier Schlagarten beim Liebesspiel dargestellt und die zulässigen Trefferzonen des menschlichen Körpers gezeigt. Und weil auch bei der Lust am Schmerz die Form gewahrt werden muss, gibt es auch gleich eine Anleitung, welche Laute man dazu machen sollte. Was das indische Buch besonders auszeichnet, ist die Tatsache, dass Wert auf die Einvernehmlichkeit gelegt wird. Praktiken wie Beißen, Schlagen und Kratzen werden nur bei Einverständnis des anderen als lustvoll empfunden, heißt es da. Somit dürfte das *Kamasutra* den ersten schriftlich überlieferten Text über SM-Praktiken und -Sicherheitsregeln darstellen.

In der Vorstellung mancher Kulturen bringt freiwillig ertragener Schmerz die Erlösung von Leid. Bei der Initiation, einem traditionellen Aufnahmeritual, ist das Ertragen von zugefügtem Schmerz unverzichtbar und hat etwas Befreiendes, weil es den Initianden in die Gruppe der Eingeweihten aufnimmt. Die Hamar, ein Volk in Südäthiopien, versichern sich auch heute noch durch kollektives Zufügen von Schmerzen ihrer kulturellen Identität: Junge Männer springen über Stiere, junge Frauen lassen sich geradezu lustvoll auspeitschen, und das Zufügen von tiefen Schnitten, die zu Schmucknarben werden, gehört ebenfalls zu ihren Ritualen. Für uns »zivlisierte« Menschen unvorstellbar.

▼ Prominente SM-ler

Du bist nicht allein, das zeigen zeitgenössische und historische Persönlichkeiten, die mit dem Thema SM in Verbindung stehen. Längst haben Zitate von SM-Elementen oder die eindeutige Abbildung selbiger ihren Weg in Kunst und Kultur gefunden. Viele Bücher, Filme und Musikvideos haben sich bereits mehr oder weniger explizit am SM bedient – man denke nur an die populärsten Beispiele von Madonna, Rihannas Chart-Erfolg *S and M* oder das unvermeidliche *50 Shades of Grey*. Wie authentisch die genannten Werke sind, ist natürlich eine andere Frage ... Hier in jedem Fall ein paar wichtige historische Leitfiguren in puncto SM:

Donatien-Alphonse-François, Marquis de Sade (1740 – 1814) war ein französischer Adeliger. Er wurde bekannt durch eine Reihe pornografischer, kirchenfeindlicher und philosophischer Romane, darunter *Justine, Juliette* und *Die 120 Tage von Sodom*. Geschrieben hat er sie während verschiedener Gefängnisaufenthalte, die er wegen seiner ausschweifenden erotischen Abenteuer absitzen musste. Dabei soll es etliche Verletzte und sogar Tote gegeben haben, was aber nie bewiesen wurde. (Wahrscheinlich weil der Marquis die Opfer oder Hinterbliebenen durch »Entschädigungszahlungen« zum Schweigen gebracht hat.) Trotz – oder gerade wegen – seines skandalösen Lebens, war und ist er bis heute eine Inspiration für Künstler aller Genres. De Sades Werke beeinflussten eine Reihe von wichtigen Bewegungen in Literatur und bildender Kunst. Von seinem Namen ist auch der Begriff »Sadismus« abgeleitet.

Die SM-Ästhetik hat längst ihren Weg in die Popkultur gefunden.

Leopold Ritter von Sacher-Masoch (1836 – 1895) war nicht der Erfinder der Sacher-Torte und auch nicht der des Masochismus (auch wenn Letzterer nach ihm benannt wurde), sondern ein österreichischer Schriftsteller. Er verwendete auch die Pseudonyme »Charlotte Arand« und »Zoë von Rodenbach«. Unter seinem Namen und denen der genannten Damen verfasste er ziemlich heftige Romane und Novellen, z. B. *Don Juan von Kolomea* oder *Venus im Pelz*, in denen er die herrschende Vorstellung der Beziehung zwischen den Geschlechtern ordentlich erschütterte. Pornografische Inhalte vermischen sich mit Gewaltfantasien. Statt Romantik und Moral spielen triebhaftes Schmerz- und Unterwerfungsverlangen eine Rolle – und der Lustgewinn, der daraus erfolgen kann. Und die Ehe hielt er für fragwürdig. Weil er den skandalträchtigen Inhalt in ästhetische Formulierungen verpackte, wurden seine Werke Bestseller. Vom Begriff »Masochismus« hielt Sacher-Masoch aber nichts. Einer seiner größten Bewunderer war Ludwig II., König von Bayern. Aufschlussreich, oder?

Venus im Pelz ***gehört zu den erfolgreichsten SM-Büchern aller Zeiten.***

Richard von Krafft-Ebing (1840 – 1902) war ein deutsch-österreichischer Psychiater und Rechtsmediziner. Er verwendete die Begriffe »Sadismus« und »Masochismus« erstmals 1886 in einem wissenschaftlichen Zusammenhang, und zwar in seinem Werk *Psychopathia sexualis*. Dabei bezieht er sich auch auf die Werke von de Sade und Sacher-Masoch, der sich Zeit seines Lebens vergeblich dagegen wehrte.

Nach der Session darf auch mal gekuschelt werden.

▼ Literaturliste

Die folgende Liste versteht sich als Anregung zum Weiterlesen und ist keineswegs vollständig – aber vielleicht ist ja etwas für dich dabei.

▶ Belletristik

Marquis de Sade: *Justine oder vom Missgeschick der Tugend, Juliette oder die Vorteile des Lasters*
Klassiker zum Thema SM (ob nun hetero oder schwul) sind natürlich nach wie vor de Sades Werke. In Justine beschreibt er, wie die Protagonistin durch ihre Tugend und Moral von einem Unglück ins nächste stolpert, während ihre Schwester Juliette im Nachfolgeband Prostituierte wird und durch ihren schamlosen Lebensstil Glück und Wohlstand erringt. Aber Achtung: Manche Ausgaben von de Sades Werken sind (stark) gekürzt.

Pauls Bücher
In dieser Reihe sind bereits mehrere Bände erschienen: Die drei Teile Die Entwicklung, Die Wende und Der Vertrag sind als Tagebücher einer schwulen SM-Beziehung angelegt und wurden mittlerweile auch in einer überarbeiteten Gesamtausgabe veröffentlicht. Der zuletzt erschienene Band, *Die Unterwerfung,* beschreibt Zielvorstellungen für ein umfassend auf SM ausgerichtetes Leben – ist also vor allem interessant für etwas erfahrene SM-ler, die über gelegentliche Sessions hinausgehen wollen.

Felice Picano: *Der Köder*
Einer meiner Lieblingsromane: Ein Thriller im New York der 70er mit Fokus auf die psychologischen SM-Spiele der beiden Protagonisten.

John Preston: *Mr. Benson, Die Liebe eines Meisters, Ein Fest für den Meister*
Preston beschreibt die Entwicklung und Dynamik von schwulen SM-Beziehungen und gilt als Meister schwuler SM-Romane.

Leopold von Sacher-Masoch: *Venus im Pelz*
Auch von Sacher-Masochs Klassiker gibt es verschiedene Ausgaben im Handel. Besonders empfehlenswert ist das Taschenbuch des Insel Verlages: Darin gibt es neben dem eigentlichen Werk auch eine interessante Studie des Philosophen Gilles Deleuze zum Masochismus zu lesen.

▸ Sachbuch und Ratgeber

Wenn du über bestimmte Spielarten aus diesem Buch mehr erfahren möchtest oder weitere Anregungen suchst, könnte sich auch ein Blick in eines der folgenden Werke lohnen:

Vincent L. Andrews: *Benutz mich! Lust auf Unterwerfung*
Kit Christopher: *Kinky Gay Sex. Eine Spielanleitung*
Matthias T.J. Grimme: *Das SM-Handbuch*
Axel Neustädter: *Spiel mit mir! Mehr Spaß mit erotischen Rollenspielen*
Stephan Niederwieser: *Bondage-Fibel. Eine fesselnde Einführung*
Stephan Niederwieser: *Fist-Fibel. Einführung mit Hand und Fuß*
Pauls Bücher: *Pauls Handbuch für Sklaven, Pauls Handbuch für Meister*
Larry Townsend: *Das Lederhandbuch (Teil 1 und 2)*

Register

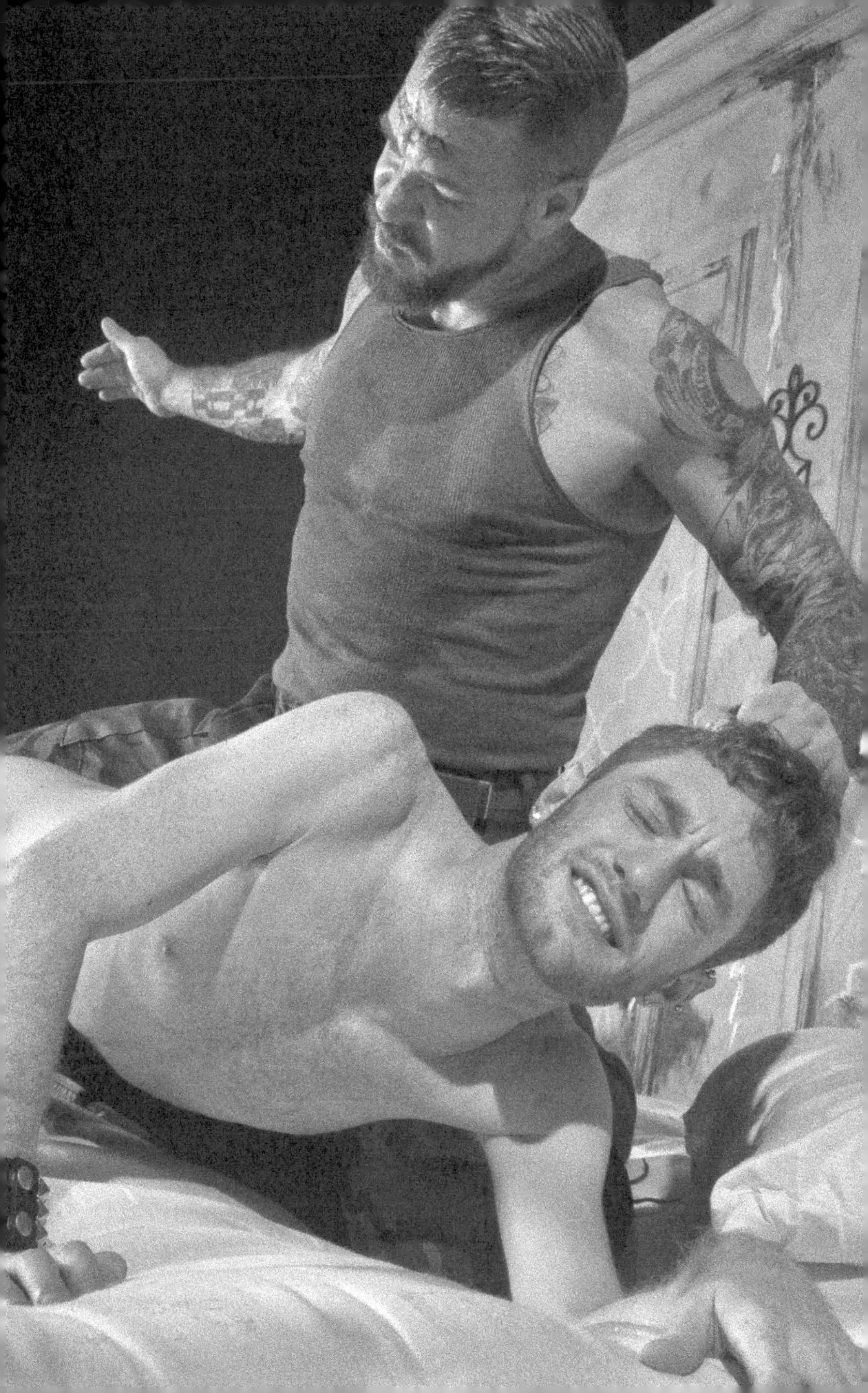

Kinky Gay Sex

Kit Christopher
Kinky Gay Sex –
Eine Spielanleitung
208 Seiten, Hardcover,
17,6 x 24,6 cm
ISBN 978-3-86787-624-7
€ 26,95

Kinky Gay Sex ist eine Einführung in alles außer Blümchensex. Das Buch weist Wege zu neuen und aufregenden Spielarten schwuler Sexualität. Von Spanking und Gruppensex bis hin zu Dirty Talk und einer kleinen Spielzeugkunde versammelt *Kinky Gay Sex* alle nötigen Informationen, die man braucht, um sich allein oder zu zweit in ganz neue erotische Welten vorzuwagen.

Spiel mit mir!

Axel Neustädter
Spiel mit mir!
Mehr Spaß mit erotischen Rollenspielen
208 Seiten, Hardcover,
17,6 x 24,6 cm
ISBN 978-3-86787-777-0
€ 26,99

Nach seiner Stellungsfibel *Gaymasutra* geht Axel Neustädter in *Spiel mit mir!* dem Phänomen erotischer Rollenspiele auf den Grund: Was passiert, wenn die Vielfalt schwuler Sexualität bewusst in den Dienst der Verwandlung gestellt wird, um so aus der gewohnten Routine auszubrechen? Dann beginnt das Rollen-Spiel. Vom klassischen Doktorspiel bis zur Cybertechno-Sex-Variante, von Pet Play bis zum Bürohengst-Szenario – der Fantasie sind keine Grenzen gesetzt. Dieser reich illustrierte Ratgeber mit vielen Farbfotos, Erfahrungsberichten und Experteninterviews beantwortet alle wichtigen Fragen rund um das Spiel mit der Verwandlung. Ein Buch, mit dem jeder die richtige Rolle findet – im Bett, im Darkroom und vielleicht sogar im wahren Leben.

FETISH
FORCE.c